UniScripta Taschenbuch
BUNT statt GRAU
Frankfurter Geschichten rund ums Alter

W0059303

UniScripta Verlag
www.uniscripta.de

Zum Buch

Geschichten vom Älterwerden und Altsein in der Mainmetropole und über die Kunst, das Alter nicht als Stillstand zu verstehen. Die Autoren dieser Anthologie zeigen uns, wie das geht. Ihre „Oldies" versuchen, dem Alter auf unnachahmliche Weise ein Schnippchen zu schlagen, mal heiter, mal nachdenklich, manchmal auch komisch, oft berührend, aber immer sehr menschlich. Sie besinnen sich auf ihre eigenen Stärken und nutzen alle modernen Mittel und Mittelchen, um gegen Einsamkeit, Schönheits- oder auch Sinnverlust anzukämpfen. Das gelingt ihnen manchmal, aber nicht immer …

Eine heiter-melancholische Lektüre für alle jung gebliebenen Alten und solche, die im Alter lange jung bleiben möchten.

O. Baier, C. Böhm, C. Hauf, J. Heck, A. Hennies, M. Hoßfeld,
M. Keimig, P. Luyendyk, E. Reichhardt, M. Richter, K. Rödder,
G. Schrick, I. Schürgers, J. Schwachhöfer, C. Sikora, W. Ullrich

BUNT statt GRAU

Frankfurter Geschichten rund ums Alter

UniScripta

1. Auflage
UniScripta Taschenbuch 2019
Copyright © 2019
Alle Rechte vorbehalten

Buchumschlag: Thomas Gessner, Art Director
Lektorat/Korrektorat: Belinda Vogt/Jule Schwachhöfer
Satz und Layout: Christa Semke-Böhm
Druck und Herstellung: Offset- und Digitaldruck Lindemann,
Offenbach/Main
Printed in Germany

ISBN 978-3-942728-25-6

Inhalt

Verlustempfindlichkeit

Vom Verlieren und Wiederfinden

von

Maria Richter

Das Wort,
immer war es dort, an einem festen Ort. Das
Wort ist fort.
Ausgetrickst, hinterrücks ausgebüxt,
heimlich entwichen, ungefragt davongeschlichen. Das
Wort ist fort.
Ich such in meinem Kopf herum,
krame, dreh und wende und denke, warum. Es
muss doch hier sein, es kann nicht fort sein.
Immer war es hier, an diesem Ort, dieses Wort,
das ich jetzt nicht finde. Das ist
so gemein! All die Jahre war es mein.
Gestern noch war es fest in meinem Besitz.
Ich wusste genau, wo es sitzt.

Nun ist es fort, das Wort.
Falten belagern meine Stirn, ein Gedanke bohrt
sich ins Gehirn. Ja, so fängt es an,
morgen ist ein anderes Wort dran
und irgendwann sind sie alle fort.
Und dann steh ich da, allein, nackt, ohne Worte.
Verwaist sind die Orte ohne Worte.
Ich bitte und bettle. Mein liebes Wort,

komm zurück. Ich brauche dich.
Wohin hast du dich verirrt? Oder vielleicht verwirrt?

Es hilft nichts.
Es ist fort, das Wort.
Doch nach Stunden, manchmal Tagen, ich begreif es
nicht, ist es wieder da, ganz überraschend.
Ich frage und sage:
Wo warst du die ganze Zeit?
Warum hast du mich verlassen?
Ich war voller Sorge und Angst um dich.
Ach, du liebes Wort, ich hab dich so vermisst,
ich dachte schon, du vergisst, wie wichtig du für
mich bist. Bitte, lauf nie wieder fort,
bleib an deinem Ort.

Mein liebes **Wort.**

Frau am Steuer

von

Chris Böhm

1

»Ich muss mal mit dir reden«, beginne ich zögernd und blicke langsam hoch, direkt in die fragenden Augen meiner langjährigen Freundin Anke. Mir ist nicht ganz wohl in meiner Haut.

Wir sitzen zusammen in ihrem hübschen Wintergarten, trinken Kaffee und lassen uns ihren köstlichen Butterkuchen schmecken. Ein lieb gewonnenes Ritual, das wir beide regelmäßig pflegen, seit Ankes Mann vor einigen Jahren nach kurzer Krankheit verstorben ist. Wir besuchen uns abwechselnd mindestens einmal in der Woche, trinken Kaffee, essen Kuchen und erzählen uns die neuesten Ereignisse und Klatschgeschichten aus der näheren und weiteren Umgebung.

Unsere Häuser liegen nicht weit auseinander in einer ruhigen Wohngegend im Süden Frankfurts auf dem sogenannten »Witwenhügel«. Natürlich heißt die Straße in Wirklichkeit anders, aber rund drei Viertel der dort lebenden weiblichen Anwohner sind muntere Witwen ab Mitte sechzig aufwärts, die ihre meist deutlich älteren Männer überlebt haben. Fast alle kennen sich, seit die Familien vor vielen Jahren hier ihre Häuser gebaut oder gekauft haben. Ich bin keine Witwe, mein Mann lebt noch, und wir wohnen erst seit zehn Jahren im Viertel.

Es ist eine ruhige Gegend, nur gelegentlich hört man lautes Sprechen oder Gelächter aus den Gärten oder

Häusern, wenn irgendwo junge Leute zu Besuch sind. Meistens dauert das aber nicht lange. Man ist hier eben gern unter sich. Ausgenommen, wenn es die eigenen Kinder und Enkel sind, die ab und zu kommen. Ich habe keine Kinder und Enkel natürlich auch nicht. Leider.

Es geht mir gut, alles ist, wie es sein soll. Das einzige Problem, das ich habe, ist mein Mann – und genau darüber möchte ich heute mit Anke sprechen.

Als ich, blutjung und unerfahren, Eberhard vor sechsundvierzig Jahren geheiratet habe, hatte er gerade sein zweites Staatsexamen hinter sich und war mir mit seinen immerhin schon fünfunddreißig Jahren haushoch überlegen. Das imponierte mir als junger Frau Anfang zwanzig, aber ich wurde mit der Zeit älter und selbstbewusster, wollte mir und der Welt beweisen, dass ich nicht nur »die Frau von Herrn W.« bin. Was fünfzehn Jahre Altersunterschied für eine Ehe bedeuten können, sollte ich erst später erfahren.

Ich hätte gerne Kinder gehabt, aber Eberhard wollte keine.

»Ich möchte dich eben ganz für mich alleine haben.« Mit diesem Satz und einem Kuss auf meine Stirn beendete er jede Diskussion über dieses Thema.

Eine richtige Berufsausbildung hatte ich auch nicht. Ein paar Monate Höhere Handelsschule, ein bisschen Steno und Schreibmaschine, das war alles, was ich vorweisen konnte. Wie das damals eben so war.

»Warum studieren?«, hatte mein Vater gesagt und seinem zukünftigen Schwiegersohn dabei zugezwinkert.

»Ihr heiratet doch sowieso bald«.

Mein erster Schritt in Richtung Selbstständigkeit begann mit meinem Führerschein. Ich bestand die Prüfung und war mächtig stolz. Ahnte noch nicht, dass ich künftig kaum Gelegenheit haben würde, meine neu erworbene Fähigkeit unter Beweis zu stellen. »Frau am Steuer – Ungeheuer« war noch einer der harmlosen Aussprüche meines Gatten. Erst, als er sich bei einem Urlaub in Süditalien das rechte Bein brach, besann er sich darauf, dass seine Gattin seit Jahren eine gültige Fahrerlaubnis besaß. Ich brachte uns und unser Auto heil und unbeschadet nach Hause zurück.

Eine ganze Weile später folgte der zweite Schritt. Ich hatte inzwischen meine englischen und französischen Schulkenntnisse an der Berlitz-Sprachschule aufpoliert. Gegen den Widerstand meines Mannes, dem das gar nicht recht gewesen war.

»Ausgerechnet ein Institut auf der Kaiserstraße. Miese Adresse. Wird wohl nicht viel taugen, deine Sprachschule.«

Ich muss heute immer noch darüber lachen. Die gute alte Berlitz School befindet sich bis heute, ein halbes Menschenleben später, immer noch in der Kaiserstraße. Ihrem Ruf hat das, soviel ich weiß, nicht geschadet.

Nach der Prüfung bewarb ich mich auf verschiedene Stellen und arbeitete schließlich halbtags in einem Reisebüro, verdiente mein eigenes Geld und sparte eisern, um mir endlich mein erstes eigenes Auto zu kaufen. Das ist jetzt fast dreißig Jahre her. Seit einem Jahr bin ich Rentnerin, und Eberhard wird demnächst einundachtzig.

»Was ist los? Träumst du? Um was geht es denn? Worüber willst du mit mir reden?«

Ankes Stimme reißt mich aus meinen Gedanken. Ich nehme mich zusammen, dann bricht es aus mir heraus: »Es geht um Eberhard. Irgendetwas stimmt nicht mit ihm. Er wird immer vergesslicher, störrischer, reagiert manchmal völlig unlogisch. Wenn ich ihn darauf anspreche, stellt er sich einfach taub oder geht aus dem Zimmer. Am schlimmsten ist es beim Autofahren. Er sitzt hinterm Steuer, als sei er ganz allein auf der Straße, schaut weder nach rechts noch nach links und scheint zu glauben, dass die Verkehrsregeln nur für andere gemacht wurden. Außerdem hat sein Auto vorne am Kotflügel bereits unzählige kleine und größere Schrammen, weil er in unserer Einfahrt immer wieder die Hausecke ›mitgenommen‹ hat. Und das Schlimmste ist, dass es ihn nicht einmal stört. Dabei war er früher ein so guter und aufmerksamer Fahrer, sein Auto war ihm immer heilig. Der kleinste Kratzer hat bei ihm Tobsuchtsanfälle ausgelöst. Diese Zeiten sind vorbei. Inzwischen stehe ich Todesängste aus, wenn ich neben ihm auf dem Beifahrersitz sitze.«

Ich nehme einen Schluck Kaffee und fahre fort: »Weißt du, ich würde ihm so gerne das Fahren abnehmen. Dann brauchten wir auch nur noch ein Auto. Aber du kennst ihn ja, ›Frau am Steuer‹, du weißt schon. Was soll ich bloß tun?«

Anke hat mir zugehört, ohne meinen Redefluss zu unterbrechen. Jetzt schaut sie mich entsetzt an. »Ach du lieber Himmel«, ruft sie, »wie lange geht das denn schon so? Eigentlich dürfte er überhaupt nicht mehr fahren. Wie alt ist er? Einundachtzig? Das hört sich verdammt nach Altersstarrsinn an. Da gibt es nur eine Lösung. Du musst ihm unbedingt den Autoschlüssel abnehmen und ihn dazu bewegen, dass er dich fahren lässt, sonst bringt er euch beide noch um. Nicht fragen, sondern machen. Das kann doch nicht so schwer sein.«

Nicht so schwer! Anke hat gut reden. Verdammt schwer ist das. Ich habe schon so oft versucht, Eberhard zu überzeugen, den Schlüssel abzugeben, aber jedes Mal gab es lautstarken Krach und endete damit, dass er brüllend aus dem Haus rannte. Ich habe einen dicken Kloß im Hals. Schlucke krampfhaft und bemühe mich, nicht loszuheulen. Wahrscheinlich merkt er selbst, wie unsicher er inzwischen fährt und will es auf keinen Fall zugeben, schon gar nicht vor mir.

»Na, du bist gut«, sage ich zu Anke. »Ich habe schon zigmal versucht, mit ihm darüber zu sprechen. Aber Eberhard reagiert störrisch wie ein Esel. Dabei hat er neulich beinahe eine junge Frau angefahren, die mit dem Kinderwagen über den Zebrastreifen wollte.«

Meine Freundin legt begütigend ihre Hand auf meinen Arm. Wir schweigen beide. Ich warte darauf, dass sie etwas sagt. Irgendetwas. Sie weiß doch sonst immer für alles eine Lösung. Schließlich fragt sie noch einmal: »Also, er will dich partout nicht ans Steuer lassen, sagst du?«

»Nein, will er nicht. Das erinnert mich fast an die Zeit nach meiner Führerscheinprüfung. Damals war er zwar viel jünger, aber schon genauso starrköpfig.«

»Ist er eigentlich schon einmal mit dir in *deinem* Auto gefahren?«, fragt sie ironisch.

»Wo denkst du hin? In meine kleine Schüssel steigt er doch nicht. Das ist ja das Dilemma. Er will weder mit mir in meinem Auto fahren, noch lässt er mich in unserem Mercedes ans Steuer. Ich dagegen stehe Todesängste aus, wenn er fährt und ich neben ihm sitzen muss.« Ich gerate ins Stocken. »Was das bedeutet, brauche ich dir wohl nicht zu sagen. Wir fahren fast nur noch getrennt Auto und unternehmen kaum mehr etwas zusammen, denn fast jede gemeinsame Fahrt endet im Streit.«

Ich muss schlucken. »Früher haben wir an den Wochenenden oft Ausflüge gemacht oder Freunde in der Umgebung besucht. Das ist längst vorbei. Auch zu Hause reden wir kaum noch miteinander.«

Anke runzelt die Stirn und denkt angestrengt nach. »Sag mal, dein Eberhard war doch früher ein großer Technik-Freak, wenn ich mich richtig erinnere, oder?«

»Ja, wieso?«

»Ich habe da so eine Idee … «

Ankes Idee ging mir bald nicht mehr aus dem Kopf. In den nächsten Monaten wuchs sie und nahm Gestalt an. Zunächst musste ich eine Menge Vorarbeit leisten, denn ich hatte mich bisher nie sonderlich für Technik interessiert. Zwar besitze ich einen Computer und auch ein Smartphone, wie jedermann heutzutage, kann mit der Fernbedienung unseres Fernsehers und mit der Alarmanlage in unserem Haus umgehen. Aber das war es dann auch schon. Beim Auto hört mein Technikverständnis auf. Obwohl ich im Laufe der Jahre eine ganz passable Autofahrerin geworden bin – wenn es um den Motor, um Bremssysteme, Fahrautomatik, Lenkung und andere technische Details ging, hatte ich stets meinen Mann gerufen, der solche Dinge offenbar besser beherrschte als ich. Wenigstens tat er immer so.

Mit dem Mut der Verzweiflung lud ich alles aus dem Internet herunter, was ich wissen musste. Ich las und las und machte mich eines Tages auf den Weg zu unserem Autohaus auf der Mainzer Landstraße.

Herr Jobst empfing mich in seinem Büro. Vor ihm auf dem Schreibtisch lagen Zeitungsartikel und ein Stapel deutscher und englischsprachiger Broschüren. Außerdem ein brandneuer Prospekt des ersten fahrerlosen Seniorenautos eines bekannten skandinavischen Autoherstellers, das gerade auf der IAA vorgestellt worden war. Es befand sich noch in der Erprobungsphase.

Anke hatte vor einiger Zeit zufällig in der Zeitung gelesen, dass man Familien und Seniorenpaare suche, die das neue Auto auf seine Alltagstauglichkeit testen sollten. Bei unserem Gespräch hatte sie sich sofort daran erinnert. »Leute wie du und ich« sollten es sein, hatte in der Zeitung gestanden. Über dieses neue Fahrzeug wollte ich mit Herrn Jobst sprechen.

Er hatte sich offensichtlich auf meinen Besuch vorbereitet.

»Möchten Sie einen Kaffee?«, begrüßte er mich freundlich und bat mich, Platz zu nehmen.

»Ja gerne, danke.«

Anderthalb Stunden später stand ich wieder auf der Straße. Mir schwirrte der Kopf. Ausdrücke wie Spurassistent, Stauassistent, Levelsysteme, Lenkungsmanöver, Blinkautomatik und anderes mehr blitzten in meinem Gehirn auf und verschwanden wieder. Gleichzeitig war ich unendlich erleichtert. Ich hätte Herrn Jobst umarmen können. Er hatte mich nicht ausgelacht, sondern mir ruhig zugehört und geduldig alles erklärt, was ich wissen wollte. Und das Schönste war: Ich hatte einen Verbündeten gefunden, den ich jederzeit um Rat und Unterstützung bitten konnte. Ja, so würde es funktionieren. Nun galt es, diplomatisch vorzugehen.

Beim Frühstück am nächsten Morgen erklärte ich Eberhard, dass ich vorhätte, meinen alten Opel zu verkaufen, so lange es noch möglich sei.

»Ich habe mit der Werkstatt gesprochen, weil leider schon wieder größere Reparaturen fällig sind. Es müssten nicht nur die Bremsen erneuert werden, auch die Stoßdämpfer sind hinüber, und die Lenkung flattert. Spätestens zum Winter brauche ich neue Allwetterreifen, sonst komme ich im November nicht mehr über den TÜV. Ich finde, das lohnt sich nicht bei einem vierzehn Jahre alten Diesel, mit dem ich vermutlich demnächst ohnehin nicht mehr fahren darf.«

Ich atmete tief durch, nahm allen Mut zusammen und redete weiter. »Aber ein neues Auto für mich allein lohnt sich eigentlich kaum noch, seit ich jetzt Rentnerin bin. Oder was meinst du?«

Endlich ließ Eberhard die Zeitung sinken und sah mich über seine Lesebrille hinweg an. Er musterte mich nachdenklich: »Aber ich dachte … ich habe geglaubt … Ja, wenn das so ist … Natürlich fahre ich dich immer gerne, wohin du möchtest, das weißt du doch … aber …«

Er verstummte und schaute mich abwartend an, aber ich schwieg eisern. Nach einer kurzen Pause nickte er dann und meinte wie nebenbei: »Ist vielleicht ganz vernünftig, du bist ja schließlich auch nicht mehr die Jüngste.«

Fast hätte ich laut herausgelacht. Meine Rechnung schien aufzugehen. Aber das Schwerste lag noch vor mir. Ich musste Eberhard von dem Seniorenprogramm überzeugen. Dazu brauchte ich unbedingt die Unterstützung von Herrn Jobst.

Sechs Monate später sitzen Anke und ich endlich wieder einmal beisammen, diesmal bei mir zu Hause, trinken Kaffee und essen unseren geliebten Butterkuchen. Wir haben uns nicht oft gesehen in den letzten Monaten, zu viel ist passiert. Die Freundin schmollt zwar noch ein bisschen, aber sicher nicht mehr lange. Unser neues Wunderauto ist groß genug für drei vergnügte Senioren.

Es geht mir gut, richtig gut, endlich wieder. Und das verdanke ich Ankes großartiger Idee und dem Zufall, der mir letzten Endes zu Hilfe kam. Allerdings war es ein ziemlich mühsamer Weg gewesen, bis ich meinen Mann endlich so weit hatte, dass er das selbstfahrende Auto akzeptierte. Wenn der Unfall nicht passiert wäre … Doch dazu komme ich noch.

Letzten Endes hat sich meine Strategie gelohnt. Eberhard ist eben doch ein Technik-Freak. Wir sind jetzt dauernd unterwegs. Mal fahren wir mit unserem Auto durch die Stadt oder machen Ausflüge durch die Region, mal besuchen wir unsere Freunde, die in der Umgebung leben. Kürzlich haben wir endlich unseren stark geschrumpften Weinbestand im Rheingau und an der Bergstraße wieder aufgefüllt, denn die Freunde kommen jetzt auch wieder öfter zu uns.

Ja, und dann erst der Urlaub. Nachdem wir jahrelang nur zu Hause gehockt hatten, sind wir nun drei herrliche Wochen lang kreuz und quer mit dem Auto durch Italien gefahren. Denn natürlich gehört auch das Fahren im europäischen Ausland zu unserem Testprogramm.

Einmal im Monat, spätestens jedoch nach tausend Fahrkilometern, schreibt Eberhard einen Testbericht für das Autowerk, und danach werden uns neue Aufgaben zugeteilt. Die Zusammenarbeit klappt prima.

Anke wird staunen, wenn Eberhard nachher kommt, da bin ich ganz sicher. Sein verändertes Wesen ist nicht zu übersehen. Er fühlt sich prächtig, denn er hat wieder eine Aufgabe: Er ist Vorführ- und Testfahrer für die neue selbstfahrende Senioren-Automatikreihe SAL für den bekannten Autobauer. Ich übrigens auch, denn wir fahren im Team, so steht es in unserem Vertrag. Stadtverkehr, Landstraßen, Autobahnen, sogar Schotterstraßen und Feldwege testen wir gemeinsam. Unser Leben ist wieder bunt und abwechslungsreich.

Anke hat mich die ganze Zeit über angesehen. Schließlich hält sie es nicht länger aus. »Nun erzähl schon, ihr wart doch in Italien. Wie ist es gelaufen?«

»Nun ja«, beginne ich und mache eine kunstvolle Pause. Dann kann ich mir das Lachen nicht länger verkneifen und platze heraus: »Es war fantastisch. Am Brenner hatten wir zuerst ein paar Probleme, weil wir in einen endlosen Stau geraten sind. Aber Eberhard hat einfach ein kleines Nickerchen gemacht, während ich mit Freunden im Internet gechattet habe. Die wollten dauernd wissen, wo wir sind und was wir gerade so machen und ob wir nicht irgendwo im Straßengraben gelandet sind. So ist die Zeit im Handumdrehen vergangen, und ehe wir es uns versahen, waren wir in Bozen.«

»Und? Wie fährt das neue Auto?« Anke zappelt vor Aufregung auf ihrem Stuhl.

Ich mache wieder eine Pause und sage dann betont langsam: »Wie es fährt? Tja, weißt du … Also, das kannst du am besten gleich selbst ausprobieren. Eberhard kommt in ein paar Minuten, und wir werden zusammen eine kleine Testfahrt machen. Wenn du Lust hast, nehmen wir dich in Zukunft öfter mit. Schließlich verdanken wir dir ja die Idee mit dem autonomen Fahren. Weißt du noch, wie du mir zum ersten Mal davon erzählt hast?«

Nach einem kurzen Blick auf die Uhr stehe ich auf und räume das Kaffeegeschirr zusammen. Gerade rechtzeitig, denn kurz darauf hupt es draußen. Als Anke und ich ans Fenster treten, rollt unser kleiner weißer Wagen mit Eberhard in die Garage. Positioniert sich millimetergenau. Eberhard kommt auf die Haustür zu, er bewegt sich ein bisschen schwerfällig heute. Seine Gicht macht ihm zu schaffen, aber er strahlt über das ganze Gesicht und winkt uns fröhlich zu.

Ich beobachte Anke aus den Augenwinkeln. Sie scheint etwas enttäuscht zu sein, vielleicht hat sie etwas Größeres, Prunkvolleres erwartet. Prunkvoll ist er nicht, unser kleiner bulliger Testwagen, aber sie wird ihre Meinung bald ändern. Genau wie Eberhard vor einem guten halben Jahr, als wir gemeinsam nach Frankfurt fuhren und Herr Jobst schon alles vorbereitet hatte für die erste Probefahrt.

Kurz zuvor war der Unfall passiert, der Eberhard letzten Endes zur Einsicht bewegt hat. Ein dummer Zufall, so schien es. Er war mit seinem Mercedes rückwärts aus unserer Garage auf die Straße gefahren und hatte den städtischen Kleintransporter übersehen, der sich von links näherte. Ihm selbst war glücklicherweise nichts passiert, aber er hatte die Seitenwand des Transporters so stark gerammt, dass sich dessen hintere Ladeklappe geöffnet und einen Teil der Ladung freigegeben hatte. Altmetall, schwere Holzkisten und sonstiger Sperrmüll krachten auf die Straße. Das Heck des Mercedes war hinüber, die Karosserie verzogen, also Totalschaden, und der Pritschenwagen der Stadt sah auch nicht viel besser aus.

Ich gestehe, dass ich innerlich jubiliert habe. Der Unfall erschien mir wie ein Geschenk des Himmels. Ich hatte Eberhard nie zuvor so kleinlaut und schuldbewusst gesehen Er war zu allen Zugeständnissen bereit. Dabei hatte er großes Glück, dass man ihm nicht sofort seinen Führerschein entzog, was mir, ehrlich gesagt, das Liebste gewesen wäre. Das wusste er und gab deshalb meinem Drängen nach, sich die sensationelle Entwicklung im Automobilbau näher anzusehen.

Alles andere überließ ich Herrn Jobst. Nach der Probefahrt war Eberhard Feuer und Flamme für das neue Projekt. Nachdem alle Formalitäten erledigt waren und Eberhards Gesundheitszeugnis vorlag, das sehr günstig ausgefallen war, nahm uns Herr Jobst als Bewerber für das Senioren-Testprogramm des Autoherstellers auf. Sechs Wochen später stand der Wagen in unserer Garage, und mein Mann und ich hatten einen Vertrag mit dem Werk unseres neuen Roboterautos in der Tasche.

Aber das Beste von allem war: Eberhard akzeptierte mich als gleichberechtigte Teampartnerin, da der Vertrag dies so vorsah.

Seither haben Eberhard und ich eine Menge gelernt. Zum Beispiel, dass selbstfahrend nicht gleich selbstfahrend ist. Roboterautos werden von den Herstellerfirmen in sechs Kategorien, sogenannte Level eingeordnet, von denen die Level 4 - 6 bisher noch reine Zukunftsmusik sind. Diese Fahrzeuge werden absolut autonom agieren, sind in keiner Situation mehr auf menschliche Fahrer angewiesen und können bei entsprechender Programmierung zum Beispiel allein zum Einkaufen geschickt werden. Echte Roboterautos also.

Unser Auto ist ein Level-3-Fahrzeug. Eberhard oder ich programmieren den Bordcomputer und geben das Ziel ein, es ist kinderleicht. Dann berechnet der Wagen automatisch die Strecke, holt Informationen dazu ein und startet auf Knopfdruck. Er kennt alle Straßen, erkennt Hindernisse, Baustellen und Staus rechtzeitig, natürlich auch Menschen, die unerwartet unseren Weg kreuzen; er bremst automatisch, vergisst beim Abbiegen nicht zu blinken, fährt niemals zu schnell und neigt vor allem nicht zu Wutausbrüchen auf öffentlichen Straßen. Er kann auch komplexe Aufgaben übernehmen, zum Beispiel Spurwechsel und Überholmanöver auf Landstraßen und Autobahnen. Aber – und das ist das Schöne daran – unser Auto hat immer noch Pedale und ein normales Lenkrad, mit dem der Fahrer oder die Fahrerin bei Bedarf in das Geschehen eingreifen und selber aktiv werden kann.

Endlich kann ich entspannt und ohne Angst neben meinem Mann im Auto sitzen. Und er neben mir. Herrlich ist das!

»Komm, Anke, wir wollen Eberhard nicht warten lassen. Er ist so stolz auf unseren Neuzugang. Seit wir das Test-Auto haben, ist er ein anderer Mensch geworden.«

Minuten später sitzen wir alle drei im Auto. Anke schaut noch ein bisschen skeptisch, als Eberhard den Startknopf drückt und unser rollender Roboter uns aus der Garage fährt, hinein in den beginnenden Feierabendverkehr in Richtung Innenstadt.

Eberhard dreht sich entspannt zu ihr um. »Ich schlage vor, unser weißer Liebling fährt uns erstmal über den Main in Richtung Osthafen. Es ist so schönes Wetter, da könnten wir vielleicht im ›Oosten‹ noch ein Weilchen auf der Dachterrasse sitzen und den Fluss-Surfern zusehen. Was meinst du, Anke?«

»Au ja, prima, aber solltest du nicht besser nach vorne schauen?« Anke blickt ängstlich von ihm zu mir.

Ich muss unwillkürlich lachen. »Du brauchst wirklich keine Angst zu haben, Anke. So ging es mir anfangs auch. Aber man gewöhnt sich schnell an die neue Fahrweise.«

Langsam rollen wir durch den stockenden Verkehr über die Alte Brücke, biegen rechts ab in Richtung Osthafen und fahren weiter bis zur Hanauer Landstraße. Eberhard und ich lächeln uns an. Ich schaue verstohlen zu dem unauffälligen schwarzen Knopf neben dem Navigationscomputer und muss mir ein Grinsen verkneifen. Natürlich werde ich das Autofahren noch lange nicht aufgeben. Dazu liebe ich es viel zu sehr, das Steuer selbst in der Hand zu halten. Schließlich lässt sich der Autopilot ganz bequem per Knopfdruck ausschalten. Ich habe das schon ein paarmal ausprobiert, wenn ich allein unterwegs war, und werde es hoffentlich noch lange tun können. Wenigstens solange ich noch fit genug bin, um ein Auto selbst zu lenken. Eberhard braucht es ja nicht unbedingt zu wissen. Ich bin glücklich. Seit langer Zeit endlich wieder.

Horst in der Garage

von

Peter Luyendyk

2

Eigentlich hatte Horst geplant, mitten im Wohnzimmer zu grillen. Schon allein aus verspäteter Opposition gegen das langjährige Verbot seiner Frau, seinen Grill in dem kleinen Vorgarten aufzustellen. Noch hatte er ihre Stimme im Ohr: »Das gehört sich nicht, Horst. Was sollen die Nachbarn denken? Die Fenster werden von dem Ruß doch ganz schwarz.«

Er musste schlucken, als er an sie dachte, nahm die Garagenschlüssel vom Haken und schloss die Haustür hinter sich.

Ja, Wilhelmina hatte ihre Eigenheiten gehabt, aber sie fehlte ihm doch sehr. Sie war eine gute Frau gewesen. Alles im Haus hatte sie tadellos erledigt. Ihre praktische Veranlagung hatte dem Paar viel Geld gespart, sie konnte fast alles zurechtbiegen und reparieren, was Horst, der zwei linke Hände besaß, sonst entsorgt hätte.

Außerdem konnte sie wunderschön singen. Wenn sie im Chor in der Kreuzgemeinde in Preungesheim das Solo singen durfte, wurde es Horst in der Brust immer ganz weit.

Auch war sie sich nicht zu schade gewesen, jahrelang als Putzfrau zu arbeiten, um Katharinas Studium zu finanzieren. Nur mit seinem eigenen Gehalt hätte Horst seiner Tochter die Ausbildung nicht ermöglichen können. Er verdiente zwar nicht schlecht als Feuerwehrmann, aber für mehr als einen der seltenen Urlaube im Schwarzwald hatte es bei ihnen nie gereicht.

Ihre Tochter Cathy hatte sich schon früh verändert. Nachdem sie fürs Studium in die Stadt gezogen war, wurde sie Wilhelmina und ihm immer fremder. Nach einer Weile bekamen sie nur noch separate Einladungen zu ihrem Geburtstag. Cathys Freunde und Bekannte lernten sie nicht kennen.

»Ach Mutti, das ist einfach eine andere Generation. Mit den Leuten könnt ihr doch nichts anfangen«, hatte sie ihnen erklärt.

Als Cathy kurz nach ihrem Abschluss in BWL den Juristen Volker heiratete, hatten sie ihren Schwiegersohn erst ein einziges Mal gesehen. Wilhelmina hatte ihn als ziemlich unnahbar empfunden, Horst gingen seine detaillierten Beschreibungen von exklusiven Reisen, erlesenen Gaumenfreuden und exquisiten Hotels auf den Geist. Die Hochzeitsfeier im Haus Rosenbrunn inmitten des Rosengartens im Palmengarten war prächtig, die Braut sah traumhaft aus, und das Essen schmeckte vorzüglich. Das Fest muss sündhaft teuer gewesen sein, hatte Horst gedacht und sich geschämt, dass er so wenig hatte dazugeben können.

Nach der Hochzeit wurden die gegenseitigen Besuche noch seltener. Als Philipp geboren war, bot sich Wilhelmina als Babysitterin an, weil sie wusste, dass Cathy und ihr Mann häufig verreisten. Diese Aufgabe, teilte ihnen Cathy mit, solle von dem polnischen Au-Pair-Mädchen übernommen werden, das Volker schon vor der Geburt des Kleinen engagiert habe. Wilhelmina schluckte und fügte sich.

Zwei Wochen lag Wilhelminas Beerdigung nun zurück. Bei der Trauerfeier auf dem Sossenheimer Friedhof hatte Horst zum ersten Mal nach vielen Jahren seine Tochter wiedergetroffen. Cathy hatte auch Philipp, seinen Enkel, mitgebracht.

Horst hätte den Jungen fast nicht mehr erkannt. Philipp war noch ein Kind gewesen, als er ihn das letzte Mal gesehen hatte. Jetzt war er sechzehn Jahre alt und fast so groß wie er selbst.

Sie hatten nach der Trauerfeier zusammen beim Kaffee gesessen und als ausgerechnet von seiner Tochter der Satz fiel, dass man sich doch künftig häufiger sehen sollte, reagierte Horst sofort und lud sie für den nächsten Monat zu seinem fünfundachtzigsten Geburtstag ein. Die beiden sagten zu, und seit langer Zeit legte sich ein Lächeln über Horsts Gesicht.

Einige Tage vorher rief er seine Tochter an, ob alles glattgehen würde. Und dass er ein Handy besitze, mit dem man ihn jederzeit erreichen könne.

Heute war es nun so weit. Cathy und Philipp würden bald eintreffen, und Horst hatte alles für ihre Wiedersehensfeier vorbereitet. Die Garagentore quietschten, als er sie öffnete. Er nahm sich vor, die beweglichen Teile nach der Feier zu ölen.

An der Wand lehnten ein großer runder Gartentisch und vier Klappstühle. Er stellte den Tisch mitten in der Garage auf, packte die Steaks aus und legte sie auf einen Teller neben den Salat, den er am Morgen zubereitet hatte. Er kehrte ins Haus zurück, holte das Besteck, die selbst gemachte Steaksoße, den Wein, die Gläser, die Pappteller und die Papierservietten. Liebevoll deckte er den Tisch und rückte die Stühle zurecht. Dann schob er den Grill vor die Garage.

Er schaute auf die Uhr. Halb sechs, in einer halben Stunde würden sie da sein. Er sollte den Grill langsam vorbereiten. Punkt sechs zündete er die Kohlen an und trank in Vorfreude ein halbes Gläschen Wein.

Um halb sieben war noch niemand da. Horst rief bei seiner Tochter an. Keine Antwort. Anschließend wählte er ihre Handynummer. Nach dem Hinweis »Der Teilnehmer ist momentan nicht erreichbar« sprach er kurz aufs Band und legte auf.

Die Uhr zeigte halb acht, und Horst saß immer noch allein in seiner Garage. Sein erstes Steak hatte er mittlerweile auf den Grill geworfen und verzehrt. Da fiel ihm ein, dass er auch Philipps Handynummer hatte und rief seinen Enkel an. Ohne Erfolg. »Der Teilnehmer ist nicht erreichbar, bitte rufen Sie später wieder an.«

Horst legte frische Kohlen auf die glimmenden Reste und trank noch ein Glas Wein. Jede halbe Stunde rief er abwechselnd bei Cathy und Philipp an. Sie meldeten sich nicht.

Um zehn Uhr wurde es langsam dunkel. Horst schaute den Mücken zu, die auf der anderen Straßenseite im Lichtkegel unter der Laterne tanzten. Er legte noch ein Steak auf den Grill und trank ein weiteres Glas Wein.

Es war schon nach elf, als Horst ein letztes Mal versuchte, seine Tochter zu erreichen. Er hörte wieder nur die Ansage. Bei Philipp ließ er es lange klingeln und wollte schon auflegen, als der Junge plötzlich am Apparat war. Horst hörte hämmernde Musik im Hintergrund.

»Ach, hallo Opa. Was geht ab?«

»Philipp, wo bist du? Wo ist deine Mutter? Wolltet ihr nicht heute Abend zu mir kommen?«

»Mutti spielt doch mittwochs immer Bridge. Sie ist direkt nach dem Abendessen weg.«

»Aber … aber, heute ist doch mein Geburtstag. Ihr habt versprochen zu kommen. Ich hab extra für euch Salate und Steaks gekauft …«

»Ja, Opa, ich weiß, ich hab's glatt vergessen. Die Kumpels haben mich kurzfristig in den Ponyhof eingeladen.«

»Verstehe ich nicht, mein Junge, es ist jetzt dunkel, da kann man doch nicht mehr reiten.«

Philipp lachte. »Nein, Opa, der Ponyhof ist eine Disco. In Sachsenhausen, in der Klappergasse. Weißt du, dieser DJ hier macht wirklich irre gute Musik.« Er hielt einen Moment inne. »Opa, nächstes Jahr hast du doch wieder Geburtstag. Da bin ich dabei, echt, versprochen!«

Ohne zu antworten, beendete Horst das Gespräch. Es war so einfach, wenn man nicht mehr reden wollte. Eine winzige Handbewegung, eine Berührung auf dem Display, und er war zurück in seiner eigenen Welt.

Lange saß Horst am Tisch und dachte nach. Schließlich erhob er sich mühsam, ließ seinen Pappteller in den Mülleimer gleiten und machte die Garagentore zu. Sie quietschten, als er sie hinter sich schloss. Er ging zu dem Holzschränkchen, das an der hinteren Wand der Garage angebracht war. Nachdenklich nahm er die gelbe Dose heraus und betrachtete andächtig den aufgedruckten Totenkopf, las die Warnhinweise. Behutsam schraubte er den Deckel ab.

Wilhelmina, dachte er und lächelte.

Vorsichtig schüttete er ein Quäntchen Gift in sein Weinglas. Er hoffte, es würde schnell gehen.

Plötzlich hämmerte jemand an die Garagentore. Sie öffneten sich einen Spaltbreit und Horst erblickte seinen Enkel, der sich grinsend hineindrängte: »Opa, mach bitte auf, ich habe eine Überraschung.«

Horst sperrte auf und sah, dass Philipp nicht allein gekommen war. Da waren noch andere Jungs, die sich in einer Reihe aufgestellt hatten.

Philipp drehte sich zu ihnen um, hob beide Arme und dirigierte »Happy Birthday, lieber Opa«, das alle inbrünstig mitsangen. Als das Lied beendet war, klatschten die Jungs in die Hände und Philipp rief: »Opa, jetzt haben wir Hunger!«

Der Enkeltrick

von

Jule Heck

3

Margarete wohnte in einer gemütlichen Altbauwohnung mit hohen Stuckdecken, knarrenden Holzdielen und Flügeltüren mit Sprossen in der Berger Straße des Frankfurter Stadtteils Bornheim. Das Haus gehörte zu jenen, die den Krieg unbeschadet überstanden hatten. Ihre Eltern hatten die Wohnung 1950 bezogen, nachdem sie nach der Evakuierung auf dem Land in die Stadt zurückgekehrt waren. Hier war sie, ein Einzelkind, das 1944 in einer Bombennacht geboren worden war, aufgewachsen. Nach dem frühen Tod der Eltern blieb sie in der Wohnung.

Sie hatte Bornheim, das im Volksmund *Bernem* heißt, nur selten verlassen. Ihr Lebensmittelpunkt befand sich in dem gemütlichen Stadtteil, der für seine vielen kleinen Läden, die gemütlichen Apfelweinkneipen und den Wochenmarkt am Mittwoch und Samstag seit langem bekannt ist. Bis zu ihrer Verrentung vor neun Jahren hatte sie als Buchhändlerin in einer Buchhandlung am Uhrtürmchen gearbeitet.

Doch an diesem Tag war Margarete stinkwütend. Man hatte sie bei ihrem Mittagsschlaf gestört. Gerade heute, wo sie der Marktbesuch so angestrengt hatte, nicht zuletzt deshalb, weil sie ihre Einkäufe drei Stockwerke nach oben tragen musste.

Der Mittagsschlaf gehörte genauso zu ihrem Tagesablauf wie das Lesen in einem ihrer vielen Bücher. Vor allem liebte sie Krimis und bewunderte die schlaue *Miss Marple*.

Zuerst hatte sie das Läuten des Telefons ignorieren wollen. Doch nachdem es nicht aufgehört hatte, stand Margarete auf und hinkte zum Schreibtisch, auf dem sich der Apparat befand. Es war ein grünes Gerät mit einer Wählscheibe, wie es in den Siebzigern des letzten Jahrhunderts modern gewesen war. Waldi, ihr Rauhaardackel, gab ein tiefes Brummen von sich. Er liebte es ebenfalls nicht, wenn sein täglicher Mittagsschlaf unterbrochen wurde.

Margarete war ledig geblieben, obwohl es ihr in jungen Jahren nicht an Verehrern, die sie auf den Tanzböden entlang der Berger Straße traf, gemangelt hatte. Aber sie war mit ihrem Single-Dasein sehr zufrieden. Außer ihrem treuen Vierbeiner Waldi hatte sie nur noch wenige Freunde. Trotzdem ging sie mit ihnen so oft wie möglich zum Essen in eine der Traditionsgaststätten aus oder besuchte Veranstaltungen der *Interkulturellen Bühne*, die von Schauspiel über Kleinkunst bis zum Kabarett alles bot. Diese Abende waren so schön und anregend, dass sie ihre Gehbehinderung, die das Alter mit sich gebracht hatte, beinahe vergaß.

In letzter Zeit war ihr das Ausgehen allerdings oft verleidet worden. Sie ärgerte sich zunehmend über das Benehmen mancher Zeitgenossen, die unhöflich und respektlos ihren Weg kreuzten, indem sie nicht grüßten, in der U-Bahn keinen Platz anboten, ihr die Tür nicht aufhielten oder sie vor ihr zuwarfen. Auch hatte sich das

Leben in Bornheim in den letzten Jahren verändert. Viele kleine Kneipen waren Schnellimbissen gewichen, die Sushi, Döner oder Pizza anboten. Auch die Schmiereien an den Hauswänden, die leerstehenden Läden und die Jugendlichen, die anscheinend nur noch auf ihre Handys starrten, verdarben ihr die Laune. Trotz allem liebte sie ihr *Bernem*, auch wenn so mancher ihrer Nachbarn nicht mehr ihre Sprache beherrschte. Es war und blieb ihr Zuhause.

Zu ihrem Ärger kamen die Anrufe. Ständig wollte ihr jemand am Telefon etwas verkaufen, ein Abonnement für eine Zeitschrift andrehen oder eine Umfrage starten. Die Belästigungen von zwielichtigen Handwerkern und ominösen Spendensammlern taten ein Übriges.

Genervt nahm Margarete den Hörer ihres grünen Telefons ab.

»Hallo, Oma, wie geht es dir?«

»Wer ist denn da?«, fragte sie zögernd.

»Aber Oma, weißt du nicht, wer hier ist? Dein Lieblingsenkel!«

Das war ja die Höhe! Ein junger Mann gab sich als ihr Enkel aus. Als aufmerksame und interessierte Leserin einer großen Frankfurter Tageszeitung war sie bestens informiert und wusste gleich Bescheid. Trotz ihres Alters konnte man ihr nichts vormachen.

Zum Schein ging sie auf die Frage ein. »Bist du der Florian oder der Sebastian?«

Die junge Stimme am anderen Ende klang durchaus freundlich. »Na, der Florian natürlich.«

»Ach, Florian, schön, dass du dich mal wieder meldest«, tat Margarete völlig ahnungslos.

»Tut mir total leid, liebe Oma, aber ich war so beschäftigt.«

Soso, dachte Margarete, dann werde ich dir mal mit meinem kriminalistischen Spürsinn auf den Zahn fühlen. Margarete liebte die subtile Vorgehensweise ihrer englischen Lieblingsdetektivin *Miss Marple*. Was die kann, kann ich auch, dachte sie und freute sich schon auf ein Abenteuer.

»Deine Mutter hat mir bereits berichtet, wie fleißig du bist. Als Mitarbeiter in einem Bestattungsunternehmen hast du ja auch immer was zu tun, nicht wahr?«

Wie erhofft, lockte sie eine Antwort aus dem unbekannten Anrufer heraus.

»Ja, da hast du recht, gestorben wird immer.« Der junge Mann war tatsächlich noch bescheuerter, als sie es für möglich gehalten hatte. »Was kann ich denn für dich tun, lieber Florian?«, setzte sie hinterher.

»Oma, ich möchte mich weiterbilden, damit ich mich bald selbstständig machen kann. Dafür brauche ich zehntausend Euro. Während meiner Ausbildung habe ich nicht so viel zusammensparen können. In der nächsten Woche startet eine halbjährige Fortbildung. Da sind noch Plätze frei. Könntest du mir dafür Geld leihen?« Der angebliche Enkel sprach in einem Mitleid erweckenden Ton.

»Du bist aber auch fleißig«, sagte Margarete mit gespieltem Stolz. »Denkst an deine Zukunft.«

»Das habe ich bestimmt von dir geerbt, Oma«.

Meine Güte, der Typ trug ja ganz schön dick auf. Sie

hätte am liebsten gelacht. Aber sie musste sich zurückhalten, wenn sie umsetzen wollte, was ihr gerade in den Sinn kam.

»Natürlich helfe ich dir, mein Schatz«, sagte sie ernst.

Sie verabredete mit »Florian« ein Treffen zu einer bestimmten Uhrzeit vor ihrer Bank in der Stadt. Sie überlegte kurz, was *Miss Marple* in dieser Situation wohl als Nächstes tun würde. Schließlich griff sie zu ihrem uralten Handy, das sie nur zu dem Zweck besaß, um im Notfall Hilfe zu holen. Sie rief ihren alten Freund Johann an, einen ehemaligen Richter am Amtsgericht in Frankfurt, erklärte ihm die Situation und bat ihn, die Polizei und die Bank in der Innenstadt zu informieren. Ihm würde man sicher Glauben schenken und den Täter bei der Geldübergabe stellen.

Johann war von ihrer Idee nicht begeistert. »Du lässt dich da auf ein heikles Spiel ein«, sagte er. »Diese Typen sind Profis, du ahnst nicht, wie viele alte Menschen auf diesen Enkeltrick hereinfallen.«

»Ich weiß, aber das wäre doch die Gelegenheit, einem Ganoven das Handwerk zu legen.«

»Wie ist dieser angebliche Enkel überhaupt auf dich gestoßen?«

Das hatte sich Margarete auch schon gefragt. »Ich vermute, dass er mich über das Internet ausspioniert hat, oder er hat im Telefonbuch nach alten Namen gesucht. Bei Margarete hat er wohl auf eine ältere, ahnungslose Dame getippt.«

»Wie auch immer, ruf die Polizei an und erzähle ihr von dem Anruf.«

Margarete schnaubte. »Die Polizei! Die nehmen das höchstens zu Protokoll, aber unternehmen nichts!«

Da musste Johann ihr recht geben. Der Enkeltrick war so häufig an der Tagesordnung, dass die Polizei kaum mehr Kapazität hatte, um die Betrüger zu schnappen. Nach längerer Diskussion willigte Johann ein, Margaretes Besuch bei der Bank zu beobachten und einzuschreiten, wenn ihm die Situation brenzlig erschien.

»Dem Bürschchen werde ich es zeigen«, sagte sie zum Abschluss. »Wir werden ihn auf frischer Tat ertappen.« Kaum hatte sie das Gespräch beendet, klingelte der Festnetzapparat erneut. Damit hatte sie schon gerechnet. Wieder war Florian am anderen Ende, um sich zu vergewissern, dass sie auch ganz bestimmt zur verabredeten Zeit erscheinen würde. Margarete versicherte ihm, dass sie in der nächsten halben Stunde in ein Taxi steigen würde.

Sie hatte sich überlegt, Harris, den griechischen Taxifahrer, der immer an der Station *Bornheim Mitte* auf Fahrgäste wartete, ins Vertrauen zu ziehen und ihn um Hilfe zu bitten. Doch als sie dort ankam, suchte sie vergebens nach ihm. Sein Taxi stand zwar am gewohnten Platz, doch ein fremder Fahrer saß in dem Wagen. Zu dumm, dass Harris ausgerechnet heute nicht arbeitete. Sie stieg ein, machte es sich mit Waldi auf der Rückbank bequem und nannte dem unbekannten Taxifahrer die Adresse, die er anfahren sollte.

Über der Stadt lag wie üblich eine Dunstglocke. Durch die geschlossenen Scheiben hörte sie den Verkehrslärm und spürte die Hektik der Großstadt. Das Taxi fuhr zügig durch den dichten Verkehr. Der Fahrer wechselte ständig die Spuren, schoss in knappe Lücken, überfuhr die eine oder andere Ampel bei dunkelgelb. Margarete wurde mulmig zumute. Hoffentlich würde ihr das Vorhaben, einen Ganoven zur Strecke zu bringen, gelingen. Sie zwang sich zur Ruhe und vertraute auf die Hilfe ihres Freundes Johann.

Fast hatten sie ihr Ziel erreicht, als das Taxi plötzlich am Straßenrand hielt und die Wagentür aufgerissen wurde.

»Hallo, Oma!« Sie erkannte sofort Florians Stimme. »Ich dachte, ich komme am besten mit dir auf die Bank«, sagte er ironisch.

Er hatte so gar nichts mehr von einem lieben Enkel an sich. Seine dunklen Augen lagen in tiefen Höhlen, was sein schmales Gesicht blass erscheinen ließ. Seine Haare waren kurz und erinnerten an einen Militärhaarschnitt. Die dunkle Kleidung und die schweren Stiefel unterstrichen sein düsteres Aussehen. Das Taxi fuhr rasch weiter.

Nun bekam es Margarete mit der Angst zu tun. Damit hatte sie nicht gerechnet. Sie klopfte gegen den Vordersitz. »Hallo, Sie, halten Sie bitte sofort an. Ich will aussteigen.«

Der Fahrer ignorierte ihre Bitte und raste weiter. Margarete erfasste blitzschnell die Situation. Der Fahrer war ein Komplize von Florian. Wo war Harris, der Besitzer des Taxis?

Mit einem Mal drückte ihr Florian einen Revolver in die Seite. »Bleib ganz still, Oma, und mach einfach, was ich dir sage. Dann wird dir nichts passieren.«

Margaretes Herz pochte. Ihre Hände waren feucht, und der Schweiß rann ihr den Rücken hinunter. Wie sollte das alles enden?

Wenige Minuten später erreichte das Taxi die Bankfiliale am Roßmarkt. Margarete stieg aus, Waldi folgte ihr gehorsam. Sie überlegte fieberhaft, wie sie dem Ganoven entkommen könnte. Gegenüber der Filiale entdeckte sie ihren Freund Johann, der alles von weitem beobachtete. Sie bemerkte seine Überraschung, als er den jungen Mann ebenfalls aussteigen sah. Margarete ging auf den Eingang des Geldinstitutes zu, ihr »Enkel« steckte die Waffe griffbereit in den Hosenbund und packte ihren Arm. Waldis Knurren ignorierte er.

Der Mitarbeiter der Bank, der sie seit langem kannte, bediente sie ausgesprochen freundlich. Doch als sie ihr Anliegen nannte, zehntausend Euro von ihrem Konto abzuheben, fragte er erstaunt: »Wollen Sie das wirklich, gnädige Frau? Haben Sie eine größere Anschaffung zu tätigen?«

Wieso fragte er das? Hatte Johann die Bank nicht verständigt? Sie hatten doch besprochen, dass der Mitarbeiter ihr das Geld kommentarlos aushändigen sollte. Anschließend würde die Polizei vor der Tür stehen.

Prüfend musterte der Mann ihren Begleiter, doch der lächelte artig.

»Das ist schon in Ordnung«, sagte Margarete. »Der Betrag ist für die Fortbildung meines Enkels.« Sie bemerkte ihre eigene Unsicherheit in der Stimme. Irgendwie hatte sie sich das Ganze einfacher vorgestellt.

Der Angestellte händigte ihr das Geld aus. »Ich wünsche Ihnen beiden noch einen schönen Tag, gnädige Frau.«, sagte er zum Abschied.

Margarete stopfte den Umschlag mit den zehntausend Euro in ihre Jackentasche und zog den Reißverschluss zu.

Sie stolperte ins Freie. Als sich die automatische Tür hinter ihr und dem Enkel schloss, kam ein Streifenwagen um die Ecke geschossen. Margarete atmete erleichtert auf. Der Einsatzwagen hielt auf der gegenüberliegenden Straßenseite, die Polizisten stiegen aus und sprachen mit Johann. In diesem Moment fuhr das Taxi mit quietschenden Reifen davon.

Florian hatte es plötzlich sehr eilig. »Gib mir sofort das Geld«, herrschte er sie an.

Als er den Umschlag aus ihrer Jackentasche ziehen wollte, schlug sie ihm auf die Finger. Er versuchte weiterhin, an das Geld zu kommen, aber der Reißverschluss klemmte. Waldi knurrte und bellte wütend, seine Nackenhaare stellten sich wie zu einem Kamm auf. Florian trat dem Dackel mit dem Stiefel in die Seite. Jaulend fiel Waldi um und blieb regungslos auf dem Bürgersteig liegen.

»Waldi!«, rief Margarete entsetzt und bückte sich über ihren Hund.

»Du blöde Alte, das hast du dir ja schön ausgedacht«, zischte Florian und zerrte sie hoch. »Glaub ja nicht, dass ich mich von dir zum Narren halten lasse. Du kommst jetzt mit mir, und wenn uns die Bullen folgen, mache ich dich platt. Ist das klar?« Florian schob sie brutal vor sich her, drückte ihr die

Waffe zwischen die Rippen. Als sie sich nach den Polizisten umdrehen wollte, knurrte er drohend: »Noch einmal, du alte Hexe, und du bist tot.«

Margarete, die sich nicht nur um ihr eigenes Leben sorgte, sondern auch um das von Waldi, eilte hinkenden Schrittes voraus. Hoffentlich würde sich Johann um ihren treuen Gefährten kümmern.

»Mach schon, du lahme Schnecke!«, trieb Florian sie an. Sie durchquerten die *Neue Altstadt*, bahnten sich einen Weg durch eine Gruppe Touristen, die einem Stadtführer zuhörten. Immer wieder versuchte sie, die Leute auf sich aufmerksam zu machen, schaute den Menschen hilfesuchend in die Augen. Doch alle waren so damit beschäftigt, die wunderschönen Häuser zu fotografieren, dass niemand ihren flehenden Blick wahrnahm.

Mittlerweile machte Margarete ihre Hüfte zu schaffen. Sie wurde immer langsamer.

»Ich kann nicht schneller«, stöhnte sie, als sich der Druck in ihrem Rücken verstärkte. Sie hinkte über den Platz vor dem Römer in Richtung Main. Florian drängte sie über die große Straße, bis zu der Stelle, wo die Ausflugsboote ablegten. Dort wartete das Taxi. Sie erkannte den Komplizen des Täters. Verdammt! Offensichtlich hatten die Mistkerle einen Plan B ausgeheckt.

»Lassen Sie mich doch gehen«, bettelte Margarete.

Der Enkel stieß sie in den Fond des Wagens. »Nix da. Du kommst mit uns. Solange du bei uns bist, wird man uns in Ruhe lassen. Außerdem gibst du mir jetzt den Umschlag mit dem Geld.« Fordernd streckte er ihr die Hand entgegen. Margarete zog den Reißverschluss auf, entnahm das Geld aus der Jackentasche und reichte es ihm widerwillig.

Der Fahrer fuhr zügig an. Margarete wurde in die Polster gedrückt und sah den Eisernen Steg vorübergleiten. Sie bewegten sich in Richtung Hafen. Nach der Camberger Brücke bog das Taxi in Richtung Gallusviertel ab, blieb schließlich in einem Hinterhof an der Frankenallee stehen.

Margarete befürchtete, dass ihnen niemand gefolgt war und sah ihre Chance, der Geiselnahme unbeschadet zu entkommen, schwinden. Zitternd folgte sie Florians Befehl, aus dem Auto zu steigen. Sie war unfähig, zu denken und blieb bewegungslos neben dem Taxi stehen. Dann hörte sie ein Klopfen, konnte aber in ihrer Aufregung nicht zuordnen, woher es kam.

Plötzlich sah sie, wie zwei Wagen auf den Hof preschten, ein Polizeifahrzeug und Johanns privater Mercedes. Waldi sprang aus Johanns Auto und raste auf Florian zu. Die Beamten umstellten das Taxi und forderten den falschen Enkel auf, die Hände auf das Wagendach zu legen. Einer der Polizisten öffnete die Fahrertür, und der Komplize stieg aus. Auch er musste sich an das Fahrzeug stellen und abtasten lassen.

Wieder war das Klopfen zu hören, dieses Mal lauter und anhaltender. Ein Beamter öffnete den Kofferraum. Harris, der Besitzer des Taxis, stieg fluchend, aber unverletzt heraus. Florian nutzte die kurze Unaufmerksamkeit der Polizisten und versuchte zu entkommen. Doch er hatte nicht mit Waldi gerechnet, der sich auf seine rechte Wade stürzte und zubiss. Florian schrie auf, ging vor

Schmerzen in die Knie. Margarete gab ihm einen kräftigen Tritt in den Hintern. Der Ganove kippte vornüber und schlug der Länge nach auf das Pflaster.

Nun konnte Margarete sich nicht mehr beherrschen. »Dir werde ich es geben, Bürschchen, alte Damen um ihr sauer verdientes Geld zu bringen.«

Ihre ganze Wut über das schlechte Benehmen ihrer Mitmenschen entlud sich mit einem Schlag. »Und nur damit du es weißt, ich habe gar keinen Enkel.«

Waldi hatte sich indessen vor dem Trickbetrüger positioniert, fixierte ihn mit gefletschten Zähnen und wütendem Knurren.

Die Polizisten halfen dem Mann auf die Beine und legten ihm Handschellen an, dem falschen Taxifahrer ebenso. Den Umschlag mit dem Geld nahmen sie als Beweismittel an sich.

»Die Frau da hat mich getreten!«, schrie der Betrüger aus Leibeskräften.

»Ist ja schon gut, junger Mann. Das können Sie alles auf dem Präsidium zu Protokoll geben.«

Die Beamten beförderten den Täter und seinen Kumpan in den Streifenwagen.

Einer der Polizisten wandte sich an Margarete. »So etwas sollten Sie nicht wiederholen«, ermahnte er sie. »Trotzdem, vielen Dank. Sie haben einen Mann zur Strecke gebracht, den wir schon seit geraumer Zeit suchen.«

Er zwinkerte Margarete verschwörerisch zu und tippte zum Abschied mit der rechten Hand an seine Mütze. »Wir sehen uns auf dem Präsidium.«

Margarete war erleichtert, dass der Enkeltrick so

glimpflich ausgegangen war. Nachdem man den Betrüger und seinen Komplizen fortgebracht hatte, wandte sie sich an Johann.

»Vielen Dank, mein Lieber. Aber woher wusstest du, wo die Polizei uns finden würde?«

Johann grinste. »Ich habe den Täter erkannt. Ich hatte ihn im letzten Jahr meiner Amtszeit als Angeklagten zu einer mehrjährigen Haftstrafe verurteilt. Er hat in der Jugendstrafanstalt von Rockenberg eingesessen. Ich konnte mich noch an seine Adresse in der Frankenallee erinnern. Es war mehr ein glücklicher Zufall, dass der Kerl noch hier wohnt und wir dich dadurch aufspüren konnten. Aber die Sache hätte auch ins Auge gehen können, meine liebe *Miss Marple*.«

Nachdem Margarete und Harris alles auf dem Polizeipräsidium an der Adickesallee zu Protokoll gegeben hatten, kehrten sie gemeinsam mit Johann zu einem gemütlichen Abendessen ein. Bei einem Krug Apfelwein saßen sie unter den alten Kastanien der Traditionsgaststätte »Schmärrnche« in Bornheim. Harris schilderte der erstaunten Margarete, wie man ihn betäubt und in den Kofferraum seines Taxis verfrachtet hatte. Erst als der Wagen im Hof an der Frankenallee zum Stehen gekommen war, sei er wieder aufgewacht.

Johann hörte aufmerksam zu, gab sich aber erst zufrieden, nachdem er Margarete das Versprechen abgerungen hatte, nie wieder *Miss Marple* zu spielen und Ganoven zu jagen. Margaretes gekreuzte Finger unter dem Tisch sah er nicht.

Kalte Schönheit

von

Irmgard Schürgers

4

»Die Nachbarn sind wieder da«, ruft mein Mann von oben. Er hat sie durch das Badezimmerfenster erspäht. Ohne dass ich sie gesehen habe, weiß ich bereits, dass sie aus dem Urlaub zurückgekehrt sind. Hannah ist passionierte Raucherin. Ihrem Husten nach muss sie seit Kindesbeinen gequalmt haben. Sie hustet nicht wie andere Menschen. Zuerst stößt sie ein kurzes Keuchen aus, das in ein undefinierbares Pfeifen übergeht, um dann mit einem Geräusch gewaltsam Luft anzusaugen, als sei sie dem Erstickungstod nahe. Danach nimmt sie sofort einen weiteren Zug aus ihrer Zigarette, bis sie die nächste Erstickungswelle überrollt. Dazwischen schimpft sie auf Gott und die Welt, wenn sie erst einmal warmgelaufen ist.

Ihr Mann Emil ist das genaue Gegenteil von ihr. Mit fast neunzig Jahren ist er zwar gut zehn Jahre älter als Hannah, aber immer noch ein freundlicher, charmanter, dem Leben zugewandter Mensch. Wir haben uns schon oft gefragt, wie die beiden überhaupt zusammengekommen sind und wie sie es miteinander aushalten.

Hannah hat irgendwann eine fette Erbschaft gemacht, die sie in Häuser in Italien, in der Schweiz und in Grundstücken in Deutschland angelegt hat. Ich habe keine Ahnung, was den beiden alles gehört, jedenfalls verbringen sie die meiste Zeit des Sommers in ihrem Ferienhaus in

Italien. Von dort kommen sie sporadisch zurück, um Arzt- oder andere wichtige Termine in Deutschland wahrzunehmen.

Unsere Häuser befinden sich vis-a-vis im vornehmeren Teil von Frankfurt-Sachsenhausen. Hannahs und Emils Haus ist protzig ausgestattet mit Säulen und reichlich Marmor und liegt direkt am Rand des Stadtwaldes. Ihr riesiger Garten ist eingerahmt von den Bäumen des Naherholungsgebietes. Wir dagegen hausen wesentlich bescheidener. An unserm Reihenhäuschen führen vorne und hinten Straßen vorbei, die Sicht ist eingeschränkt, und abbezahlt ist es auch noch lange nicht.

Mein Mann ist inzwischen aus dem Bad ins Erdgeschoss heruntergekommen und rollt mit den Augen. Ich weiß, was er meint. Wir sind seit über zehn Jahren Nachbarn von Hannah und Emil. Unweigerlich würde sich Hannah bald bei uns blicken lassen. Früher haben wir uns öfter gegenseitig zum Essen eingeladen. Seit sie jedoch über alles schimpft, fällt es uns zunehmend schwerer, diese Treffen aufrecht zu halten. Wir hätten uns längst zurückgezogen, wenn wir uns nicht bereit erklärt hätten, während ihrer Abwesenheit den Briefkasten zu leeren und hin und wieder nach dem Rechten zu sehen. So lässt es sich kaum vermeiden, dass Hannah zu uns kommt, um sich zu bedanken. Leider hält sich ihr freundlicher Ton in Grenzen, sehr schnell gerät sie wieder in ihr Fahrwasser mit Hetzreden auf alles und jeden. Vor allem über die Politik kann sie sich unerhört ereifern, wobei es mir schwerfällt, ihren kruden Ansichten etwas entgegenzusetzen. Jedes Gegenargument fördert neue Boshaftigkeiten zutage.

Bevor mein Mann und ich uns absprechen können, ob wir uns für eine Weile in den Keller verziehen oder wohin wir flüchten sollen, um Hannah nicht zu begegnen, klingelt es bereits an der Tür. Mein Mann ist schon wieder auf der Treppe nach oben. Er schaut zurück, zuckt die Schultern und grinst mich frech an. Feigling! Es klingelt schon wieder.

»Hallo, liebe Renate, ach bin ich froh, mal wieder zuhause zu sein und mit jemandem reden zu können. Du glaubst ja nicht, wie anstrengend die letzten Wochen waren. Der Emil ist ja sooo dement, du kannst es dir nicht vorstellen, es hängt mir zum Halse raus, ich weiß gar nicht, wie ich das weiter schaffen soll …«

»Komm doch erstmal rein«, unterbreche ich ihren Redeschwall. Sie ist noch nicht richtig im Haus, aber ich bin bereits fix und fertig. Wir setzen uns auf die Terrasse. Sofort steckt sie sich eine Zigarette an.

»Möchtest du etwas trinken?«, frage ich.

»Ja, gerne, einen Wein, wenn du hast.«

Es ist zwölf Uhr mittags. Na ja, es ist nicht meine Gesundheit, denke ich.

Ich laufe in die Küche und mache eine Flasche Wein auf. Nachdem Hannah es sich mit der zweiten Zigarette und ihrem Glas gemütlich gemacht hat, schimpft sie weiter. Ich höre nur bedingt zu und mustere sie. Schon als sie hereingekommen ist, ist mir aufgefallen, dass sie erstaunlich gut aussieht. Sie ist ja immerhin neunundsiebzig, starke Raucherin und treibt, soweit ich weiß, keinerlei Sport. Es liegt nicht an der Bräune, die sie wie immer aus Italien mitgebracht hat. Ihre Haut sieht irgendwie glatter aus. Die Gesichtskonturen scheinen mir schärfer zu sein, der ganze Körper straffer. Ob sie etwas hat machen lassen? Ich würde sie zu gerne fragen, traue mich aber nicht. Vermutlich sieht sie einfach nur nach Sonne aus und wird verbal über mich herfallen, wenn ich ihr so eine indiskrete Frage stelle. Zu ihrem guten Aussehen steht ihr bösartiges Wesen in noch krasserem Gegensatz als sonst.

Sie schildert mir die Ausfälle ihres Ehegatten so drastisch, als sei er ein pubertierender Jüngling. Würde sich Emil nur ein bisschen anstrengen, zetert sie, könnte er ihr das Leben erleichtern, anstatt es so entsetzlich vergällen, wie er es ihrer Meinung nach täglich und stündlich tut. Nach jeder neuen Zigarette, die sie sich im Fünfminutentakt ansteckt, stößt sie ihre kurzen trockenen Belllaute aus, um dann lang und pfeifend zu versuchen, der Lunge vergeblich Luft zukommen zu lassen. Wann immer ich denke, diesmal erstickt sie bestimmt, führt sie die Zigarette zum Mund und nimmt rasselnd und gierig den nächsten Zug.

Nachdem sie das dritte Glas Wein geleert hat und der Aschenbecher überquillt, schnauzt sie mich plötzlich an: »Was starrst du mich dauernd an? Hab ich was im Gesicht? Oder was ist los?«

Ich zucke schuldbewusst zusammen. Ich habe in der Tat gerade darüber sinniert, wie Hannah bloß zu ihrem frischen Aussehen gekommen ist.

»Äh, ja, tut mir leid ...«, winde ich mich. »Sag mal,

hast du etwas machen lassen in deinem Gesicht? Du siehst jünger aus.«

Ein ungewohntes Strahlen geht über Hannahs Gesicht, ein Anblick mit echtem Seltenheitswert. »Hast du's bemerkt?«, fragt sie. »Ist dir aufgefallen, dass ich viel jünger aussehe?« Hechelnd nach Anerkennung sieht sie mich an.

»Ja, du siehst wirklich fantastisch aus. Es ist mir gleich aufgefallen, als du zur Tür hereingekommen bist. Wie machst du das nur?«

Ich bin ehrlich neugierig, obwohl mir klar ist, dass Hannah große Geldsummen in ihr Aussehen investieren kann, was sich bei unseren finanziellen Verhältnissen von vornherein ausschließt. Trotzdem hoffe ich auf ein paar Tipps, wie auch ich mein Äußeres ein bisschen aufmöbeln könnte.

»Das ist etwas ganz Neues ...«, beginnt Hannah verschwörerisch und rückt näher an mich heran, so dass ich ihren rauchgeschwängerten Atem riechen muss. Ich versuche, ein wenig abzurücken, aber sofort kommt sie näher und fährt leise fort, als befürchte sie, von dunklen Mächten abgehört zu werden. »Das gibt es bisher nur in der Schweiz. Ich nehme Tabletten und bekomme ab und zu eine Blutwäsche. Aber die Tabletten sind das Wichtigste dabei!«

Triumphierend sieht sie mich an. Ich bin enttäuscht. Tabletten. Was kann das schon sein? Vitamine, Mineralien, das ganze übliche Zeug, das einem empfohlen wird, um jung zu bleiben.

Hannah beobachtet mich. »Nicht was du denkst«, sagt

sie. »Das sind keine normalen Tabletten aus der Apotheke. Das sind wahre Jungbrunnen-Pillen! Du siehst es doch an mir. Weißt du, was mein Arzt gesagt hat?«

Ich schüttele den Kopf, während Hannah mich weiter anstrahlt. »Du kannst mindestens dreißig Jahre älter werden mit diesen Tabletten! Und wenn du über die Hundert hinweggekommen bist, schaffst du leicht noch weitere zehn, zwanzig Jahre!«

Ich bin wirklich platt. Da hat man ihr vermutlich für viel Geld einen Bären aufgebunden in der schönen Schweiz. Ihr glattes Gesicht lässt mich jedoch zweifeln. Ich bin um einiges jünger als Hannah. Aber mein Hals wird auch langsam faltig … Überhaupt fallen mir die Spuren des Alters in letzter Zeit viel stärker auf als früher. Vielleicht helfen die Tabletten tatsächlich. Aber zusätzliche Jahre …?

»Du kannst es glauben, Renate«, sagt Hannah aus tiefster Überzeugung. »Ich nehme an einer Studie teil. Diese Tabletten sind vor kurzem entwickelt worden und werden nun das erste Mal am Menschen ausprobiert. Ich bin unter sehr vielen Interessenten ausgewählt worden. Wir sind nur eine kleine Gruppe. Ist das nicht toll? Ich konnte mein Glück nicht fassen, als ich die Nachricht erhielt, dass ich eine der Testpersonen bin.«

»Haben die Tabletten keine Nebenwirkungen?«, frage ich skeptisch.

»Nein, kein bisschen«, ruft sie aufgebracht. »Und wenn schon. Meine Haut wird von Tag zu Tag glatter und straffer. Da sind mir Nebenwirkungen egal. Davon abgesehen, spüre ich keine, außer vielleicht …« Sie beendet den Satz nicht.

»Ich weiß nicht, ob …«, beginne ich.

»Stell dir vor, du bekommst so viele Jahre geschenkt!«, unterbricht sie mich. »Ich dachte, ich muss bald sterben. Jetzt kann ich ganz anders planen, mein Geld neu investieren, Grundstücke verkaufen, größere Reisen machen, nicht immer nur nach Italien, neue Menschen kennenlernen.« Ihr Gesicht verdüstert sich. »Wenn ich diesen senilen Greis nicht am Hals hätte.«

Die letzten Worte schleudert sie voller Boshaftigkeit und Verachtung heraus. Mich schaudert. Hannah hat sich verändert. Sie war noch nie eine warmherzige, gütige Frau gewesen. Aber jetzt wirkt sie gnadenlos kalt und …, es fällt mir schwer, eine passende Bezeichnung für ihr verändertes Wesen zu finden. Sie besitzt offenbar keine Empathie mehr.

Nachdem Hannah gegangen ist, traut sich mein Mann wieder aus dem oberen Stockwerk in unser Wohnzimmer. Wir unterhalten uns kurz über ihre unmögliche Art. Von den Tabletten erzähle ich ihm nichts.

Ich habe Hannah einige Tage nicht gesehen und frage mich, wie ich dieses Glück verdient habe, als es klingelt und Emil vor der Tür steht.

»Hannah ist krank«, stößt er zittrig hervor. »Sie hat Fieber und Schüttelfrost, es geht ihr gar nicht gut.« Der alte Mann wirkt völlig überfordert. »Kannst du bitte mal mitkommen?«

»War sie schon beim Arzt?«, frage ich.

»Nein, sie kann nicht aufstehen, aber sie will auch

keinen Arzt sehen. Du sollst kommen, hat sie gesagt.«

Schweren Herzens folge ich Emil. Was will Hannah jetzt schon wieder von mir?

Sie liegt in ihrem teuren Boxspringbett, dass sie erst letztes Jahr für sich angeschafft hat – Emil schläft in einem anderen Zimmer in einem sehr alten Bett – und spielt die Leidende. So krank sieht sie gar nicht aus.

»Mir ist so heiß, und der Hals tut mir entsetzlich weh«, klagt sie. »Kannst du Medikamente kaufen, der Emil bringt das ja nicht mehr fertig.« Verachtend sieht sie in seine Richtung, wo er an der Tür wartet.

Ich zucke zusammen, weil sie ihren Mann wieder wie einen alten Hund behandelt und habe große Lust, sie krank in ihrem Bett liegen zu lassen. Als ich jedoch Emils flehende Miene sehe, gebe ich mir einen Ruck und frage, welche Medikamente sie benötigt.

Mit einer längeren Liste verlasse ich das Haus. Als ich einige Zeit später wieder bei den beiden klingele, öffnet mir Emil mit einem geröteten verschwitzten Gesicht.

»Geht es dir gut?«, frage ich ihn.

»Nein«, er schüttelt den Kopf. »Ich glaube, ich habe auch Fieber. Mir tut alles weh, ich lege mich gleich ins Bett.«

Unsere Nachbarn haben sich offenbar eine Sommergrippe eingefangen, die gerade umgeht. Mir bleibt nichts anderes übrig, als die beiden in den Tagen darauf zu versorgen. Sie haben sonst niemanden.

Der Arzt, den ich trotz Hannahs Protesten gerufen habe, bestätigt die Diagnose und legt mir ans Herz, beiden viel Flüssigkeit und leichte Kost zu verabreichen.

Mein Mann schimpft und meint, die Alten hätten genug Geld, um sich anderweitig Personal zu beschaffen. Wieso gerade ich mich ihnen verpflichtet fühle? Offenbar hätte ich ein Helfersyndrom.

Verärgert gehe ich am nächsten Tag wieder zu den beiden Patienten. Ich habe mir vorgenommen, Hannah zu bitten, sich nach professioneller Hilfe umzusehen. Doch ihr Zustand hat sich verschlechtert, als ich ankomme. Sie meint, sie könne überhaupt nicht aufstehen und ist übelster Laune. Trotzdem zieht sie an einer ihrer unvermeidlichen Kippen und ascht den Bettvorleger voll. Sie hängt halb aus dem Bett heraus, die Haare stehen wirr vom Kopf ab.

»Im Bad sind meine Tabletten, du weißt schon welche. Hol sie mir sofort!«

Ihr Kommandoton stört mich gewaltig.

»Ich muss unbedingt wieder zur Blutwäsche«, stöhnt sie. »Die Tabletten halten die Haut straff und sorgen für gutes Aussehen, aber die Blutwäsche ist wichtig. Danach geht es mir bestimmt besser.«

Sie nörgelt, von Husten unterbrochen, weiter vor sich hin, während ich im Bad nach den Tabletten suche. Dann finde ich sie. Lustig, sie sehen aus wie die Eisentabletten, die ich hin und wieder wegen zu wenig Eisen im Blut nehmen muss. Hannahs Tabletten haben keinen Karton mit Beschreibung. Sie sind lediglich zu jeweils zehn Stück in Blisterverpackungen eingeschweißt. Ich zähle zwanzig Tablettenstreifen. Während mein Blick nachdenklich darauf verweilt und ich meine schlaffen Oberarme im Spiegel betrachte, schreit Hannah aus dem

Schlafzimmer. Was denn so lange dauere? Ich solle mich gefälligst beeilen. Kurzentschlossen nehme ich einen Folienstreifen für Hannah, zwei weitere lasse ich in meine Hosentasche gleiten.

Nachdem ich sie versorgt habe, gehe ich zu Emil. Auch er hat immer noch Fieber und liegt entkräftet in den Kissen. Doch für jeden Handgriff, den ich für ihn tue, bedankt er sich herzlich und versucht zu lächeln. Er hat keine Extrawünsche, fragt mich stattdessen, ob mir die Pflege von zwei alten Leuten nicht zu viel werde. Ich habe ihn wirklich ins Herz geschlossen. Dass er angeblich dement ist, kann ich nicht feststellen. Wenn wir uns unterhalten, fragt oder antwortet er folgerichtig und klar.

Zuhause hole ich meine Eisentabletten und vergleiche sie mit meiner Beute aus Hannahs Badezimmer. Es ist tatsächlich kein Unterschied zu erkennen. Ich stecke die Packung in meine Handtasche und tausche am nächsten Tag meine Eisentabletten gegen ihre Jungbrunnentabletten aus. Die werde ich jetzt selbst nehmen.

Hannah verfällt daraufhin immer mehr. Sie kann ihre Zigarette nicht mehr halten, was ein schlechtes Zeichen ist. Röchelnd liegt sie zwischen den Kissen, ihr Jammern wird leiser, sie hat keinen Appetit mehr. Ich sitze an ihrem Bett, um ihr etwas Flüssigkeit einzuträufeln, als sie mich plötzlich anstarrt.

»Wie siehst du denn aus?«, fragt sie und ihre Augen weiten sich.

»Wieso?«, frage ich und tue unschuldig.

»Du siehst …, du siehst …« Sie versucht, aus ihren

Kissen hochzukommen. »Du siehst verdammt gut aus«, krächzt sie. »Du siehst um zehn Jahre jünger aus, du … du … hast mir meine Tabletten gestohlen, du verdammte …!«

Ihr Mund öffnet sich zu einem Schrei, aber nur ein Röcheln quillt hervor, das in rasselnden Husten übergeht. Sie bäumt sich auf, fuchtelt wild mit den Armen, ihre Hand fährt zu meinem Gesicht, will sich an mir festkrallen. Ich weiche zurück, verfolge gebannt die Veränderung, die mit Hannah vor sich geht. Vergeblich versucht sie, pfeifend Luft zu holen, ihre Augen quellen hervor, als die Lunge nichts mehr hergibt. Ihr Gesicht verfärbt sich, sie bäumt sich ein letztes Mal auf, bevor sie schlaff in ihre Kissen zurückfällt und leblos liegenbleibt.

Ich habe sie beobachtet, so wie man ein Insekt beobachtet, das auf dem Rücken liegt und so lange zappelt, bis es hinüber ist. Nichts regt sich in mir. Nach einer Weile stehe ich auf und gehe in Emils Zimmer.

Der Notarzt kommt schnell und stellt Herzversagen fest. Emil ist untröstlich, was mich ehrlich erstaunt. Ist er doch endlich seine Xanthippe los, die ihn lange genug wie einen räudigen Hund behandelt hat.

Nach Hannahs Tod fühle ich mich für Emil verantwortlich und pflege ihn weiter. Leider erholt er sich nur sehr langsam, ist aber unendlich dankbar. Immer wieder drückt er mir Geldscheine in die Hand, die ich widerstandslos annehme.

Zuhause halte ich mich immer weniger auf. Wenn ich nicht bei Emil am Krankenbett bin, treibe ich mich in der Stadt herum. Vor allem die Goethestraße hat es mir angetan. Früher habe ich mir die schicken Klamotten in den Schaufenstern höchstens angeschaut, weil sie mein Budget bei weitem überstiegen und mir für mein Alter nicht angebracht erschienen. Jetzt aber, wo mein Körper täglich straffer und schlanker aussieht und ich das Geld von Emil habe, sind die Designerläden mein Lieblingseinkaufsziel. Die Verkäuferinnen begrüßen mich mittlerweile wie eine liebe Bekannte. Beflissen zeigen sie mir die neu eingetroffene Ware, schaffen besonders hübsche und teure Kleidungsstücke herbei und machen mir Vorschläge, wie ich die Teile kombinieren kann. Obwohl ich weiß, dass ihr freundliches Verhalten nur meinem Geld geschuldet ist, fühle ich mich wichtig. Die Einkäufe auf der überfüllten Zeil mit den unpersönlichen Kaufhäusern oder dem riesigen Einkaufszentrum »My Zeil« sind Vergangenheit. Das muss ich mir jetzt nicht mehr antun. Ich bin eine VIP, eine very important person.

Wenn ich nach erfolgreichem Einkauf weiter über die Goethestraße und durch die »Freßgass« flaniere, spiegele ich mich genussvoll in den Schaufenstern der Geschäfte. Meine schöne glatte Haut unterstreiche ich mit hellen Farben. Die vielen alten, dunklen Teile, die ich noch besaß, habe ich weggeworfen. Jüngere Männer, für die ich noch vor kurzer Zeit unsichtbar gewesen war, schenken mir Blicke. Es schmeichelt mir, mehr aber auch nicht. Ich schaue mir die Auslagen der Juwelierläden an. Dazu reicht nicht, was Emil mir zusteckt. Aber da ist sicher noch mehr zu holen. Ich muss es nur geschickt anstellen.

Kochen macht mir keinen Spaß mehr. Warum soll ich

mir meine neue schlanke Silhouette verderben? Mein Mann hat mich mehrfach zur Rede gestellt, ich weiche ihm jedes Mal aus. Es interessiert mich immer weniger, was er denkt oder wie er seine Zeit verbringt.

Emil geht es kaum besser. Seine Pflege nervt mich immer mehr. Daran ändert auch seine Freundlichkeit nichts. Ich frage mich, wie ich an die Blutwäsche herankomme, die offenbar ein wichtiger Baustein bei Hannahs Verjüngung gewesen ist. Wer wohl die ganzen Häuser und Grundstücke erbte, wenn Emil …? Mit dem entsprechenden Geld könnte ich vielleicht an Hannahs Stelle treten und in die Studie einsteigen. Der Gedanke lässt mich nicht mehr los. Ich pflege den Alten wieder intensiver und bringe vorsichtig das Gespräch auf seine Reichtümer. Was, wenn er in ein Heim müsse, in dem er für viel Geld nur schlechte Pflege bekäme? Emil reagiert erschrocken. Ein Heim? Das will er auf keinen Fall!

»Du könntest mich pflegen, Renate«, schlägt er vor. »Ich habe genug Geld. Du könntest dir alles leisten. Wir sind doch ein tolles Team, findest du nicht? Ich vertraue dir.«

Das geht ja schneller, als ich zu hoffen gewagt habe! Der Alte schreibt mir tatsächlich alle Vollmachten aus, die ich benötige. Da er nach wie vor körperlich stark eingeschränkt ist und selten das Haus verlassen kann, habe ich leichtes Spiel. Ich regele alles Finanzielle und erhalte immer mehr Einblick in seine Konten und seinen Immobilienbesitz. Er bekommt nicht mit, welche Summen ich für mich abzweige. Am Anfang frage ich noch. Emil nickt alles ab. Dann bediene ich mich einfach.

Ich fasse mir ein Herz und schreibe an den Leiter der Studie in der Schweiz, dessen Unterlagen ich im Nachlass von Hannah gefunden habe. Ob ich als neue Patientin in diese Studie aufgenommen werden könne, frage ich. Kurz darauf kommt die niederschmetternde Antwort: Das sei leider nicht möglich, da die Studie bald abgeschlossen sei. Ich bin total verärgert. Die Blutwäsche ist doch so wichtig für ein verlängertes Leben! Rasch erkläre ich meinem Mann, ich müsse mal ausspannen und reise in die Schweiz.

Professor Egli, der Leiter der Studie, zeigt sich zunächst verschlossen. Auch als ich ihm schildere, dass ich die Tabletten bereits einige Zeit einnehme und bestens vertrage, schüttelt er missbilligend seinen Kopf. Es sei absolut gegen die Statuten, dass eine Person für eine verstorbene Patientin in die Studie einsteigen könne. Ich setze meine ganze Überzeugungskraft ein. Den Ausschlag gibt letzten Endes ein gut gefüllter Umschlag, den ich diskret über den Tisch schiebe. Ich habe ein sehr erkleckliches Sümmchen von Emils Konto abgehoben, um mein Ziel zu erreichen. Diesem »Argument« kann sich der Arzt wohl nicht widersetzen, der Betrag ist zu verlockend. Nach einigem »Anstandszögern«, das ihn offenbar nicht allzu schnell als geldgierigen Halbgott in Weiß entlarven soll, stimmt er schließlich unter der Voraussetzung zu, dass ich mich im Laufe der nächsten zwei Tage sämtlichen Untersuchungen und Bluttests unterziehe, die für die Studie notwendig sind.

Die Ergebnisse fallen zufriedenstellend aus. Abschließend muss ich einen Fragenbogen zu meiner psychischen Verfassung ausfüllen. Es stehen merkwürdige Fragen darauf, und es scheint mir bei etlichen geraten, nicht wahrheitsgemäß zu antworten. Was gehen den Arzt meine Gefühle an oder ob ich überhaupt etwas empfinde? Jedenfalls will ich mir mit diesem Idiotentest nicht alles zunichtemachen.

Dann erhalte ich meine erste Blutwäsche! Endlich! Ich werde sehr lange leben und dabei fantastisch aussehen – so wie Hannah es erzählt hat.

Der Arzt entlässt mich mit der dringenden Empfehlung, mich sofort zu melden, falls ich irgendwelche Nebenwirkungen bei mir feststellen sollte. Vor allem auf die Gefühlsebene solle ich achten, auf einen eventuellen Empathieverlust, sagt er ernst. Ich höre ihm kaum zu. Ich habe mein Ziel erreicht. Was hat Hannah so schön gesagt, als sie noch lebte? Nebenwirkungen interessieren mich nicht. Stimmt genau.

Am Abend nach meiner Rückkehr erzählt mir mein Mann, dass einer unserer Freunde sehr krank geworden ist. Er habe wohl nicht mehr lange zu leben. Nach einer Weile merke ich, dass er mich anstarrt.

»Was ist?«, frage ich. »Warum schaust du mich so an?«

»Wieso sagst du nichts? Ich habe das Gefühl, das lässt dich völlig kalt.«

Ich weiß nicht, was er von mir will. Seine Fragerei nervt.

»Ich kenne dich überhaupt nicht mehr!«, braust er auf. »Du hast dich völlig verändert, was ist nur los mit dir? Was war das für eine Reise, und wieso hast du ständig neue Klamotten an? Du siehst aus wie eine Marmorstatue – so ... so ... kalt wirkst du. Was machst du dauernd bei dem Alten im Haus? Was willst du von ihm?«

Er wird immer lauter und redet sich seinen ganzen Frust von der Seele. Ich sehe ihn an, kann seine Mimik aber nicht deuten. Mein Kopf ist gefüllt mit Watte, die alles filtert, was von außen kommt.

»Wo ist dein Humor geblieben, dein liebevolles Wesen?«, ereifert er sich weiter. »Du guckst wie ein ...«, er sucht nach Worten, »wie ein Zombie! Verstehst du nicht mehr, was ich sage?«

Nein, ich verstehe nicht, was er meint. Ich gehe in unser Schlafzimmer, wo noch mein gepackter Koffer steht. Als ich ihn am Wohnzimmer vorbeirolle, sitzt mein Mann zusammengesunken auf dem Sofa, den Kopf in den Händen vergraben. Ich verlasse wortlos das Haus.

Emil freut sich riesig, als ich ihm sage, dass ich eine Weile bei ihm wohnen werde. Kurz darauf bringe ich die Rede auf ein Testament. Zuerst will er davon nichts wissen, als ich ihm jedoch androhe, wieder in mein Haus zurückzuziehen, spurt er schließlich. Er stellt ein Testament aus, das ich in meinem Sinne formuliert habe. Selbstverständlich bin ich die Alleinerbin. Emil unterschreibt mit zittriger Handschrift.

Die Angelegenheit hat ihn schwer erschöpft. Nach zwei weiteren Wochen, in denen ich ihn kaum noch pflege, schließt er eines Nachts die Augen für immer.

Endlich bin ich frei und reich. Seltsamerweise empfinde ich nichts bei dem Gedanken. Ich muss Abstand gewinnen, wegfahren, mich anderswo erholen. Außerdem steht bald die nächste Blutwäsche an. Aus den Unterlagen von Hannah und Emil habe ich erfahren, wo sich ihre jeweiligen Besitztümer im Ausland befinden. Ich wähle Hannahs Chalet im Berner Oberland aus.

Mit Emils Jaguar, mit dem er selbst schon lange nicht mehr gefahren ist, komme ich spät abends bei dem Haus in den Bergen an. Die Inneneinrichtung ist teuer, aber nicht mein Geschmack. Es gibt zwei Schlafzimmer, ein großes und ein kleines. Wer sich mit dem kleinen Raum hatte begnügen müssen, ist unschwer an Emils Utensilien zu erkennen. Ich lege mich in das breite Bett im großen Schlafzimmer und schlafe augenblicklich ein. Ich träume schon längere Zeit nicht mehr.

Als ich am nächsten Morgen auf die Terrasse trete, stehe ich im hellen Sonnenschein. Ich betrachte die glatte Haut meiner Hände und Arme. Ja, ich werde noch sehr lange leben. Mindestens dreißig zusätzliche Jahre – wenn nicht mehr. Das hat mir auch Professor Egli versichert. Meine Brust verengt sich. Gegenüber reihen sich die Bergspitzen des Berner Oberlandes aneinander. Einen unserer ersten Urlaube habe ich hier mit meinem Mann verbracht. Die Erinnerung daran steigt ohne jegliche Emotion in mir auf. Ich beginne zu zittern. Irgendetwas gerät in mir durcheinander, ich habe das Gefühl, etwas drängt nach vorne, aber ich bekomme es nicht zu fassen. Die Landschaft wirkt wie eine Theaterkulisse auf mich. Was ist los mit mir? Ich fühle mich isoliert. Verstört gehe ich wieder ins Haus.

Später kaufe ich einige Lebensmittel im Dorf ein. Ich versuche, so schnell wie möglich die Läden zu verlassen, denn die Menschen sind mir zuwider. Jeder Blick der Verkäuferinnen löst einen Fluchtinstinkt in mir aus. Ich spreche nicht mit ihnen.

Abends, wenn es dunkel wird, sitze ich auf der Terrasse des Chalets und bin froh, wenn ich die Landschaft nicht mehr sehen muss. Ich esse kaum etwas, weil alles gleich schmeckt und ich keinen Appetit verspüre.

Ich entschließe mich, auf einen der Berge zu steigen. Bei meinen unruhigen Wanderungen durchs Haus habe ich eine Wanderkarte gefunden. Passende Wanderschuhe von Hannah sind auch noch vorhanden, da muss ich mir keine kaufen. Mit dem Auto fahre ich bis auf tausend Meter Höhe, parke und mache mich zu Fuß auf zum Gipfel. Unterwegs begegne ich kaum jemandem, und wenn, nehme ich keine Notiz davon. Die Sonne scheint von einem wolkenlosen Himmel. Es ist sehr warm, und ich laufe immer langsamer. Mein Kopf fühlt sich vollkommen leer an.

Der Himmel ist nach wie vor in tiefes Blau getaucht, der Blick auf die riesige Bergwelt von keinem Wölkchen getrübt. Das Gefühl des Losgelöstseins kriecht wieder in mir hoch. Was ist das nur? Ich stehe neben mir, beobachte mich wie eine völlig fremde Person.

Schwer atmend erreiche ich schließlich das Gipfelkreuz. Ich lasse meinen Blick über die unendliche Weite gleiten. So viel Einsamkeit. Ich bin abgeschnitten von der Welt. Wie in einem großen Glaskäfig kann ich das Leben um mich herum sehen, aber ich nehme nicht mehr daran teil. Ich bin vollkommen isoliert. Wie eine Labormaus. Was schert es die, ob ihr Leben im Käfig verlängert wird?

Ich mache einen Schritt nach vorne, dann noch einen – und springe ins Nichts.

Nachrichten von Medimax

von

Wolfgang Ullrich

5

Emilie war putzmunter und für ihr Alter gut zu Fuß. Es war eine Augenweide, wenn man ihr zusah, wie sie lief und lief und lief. Täglich waren es mehrere Kilometer, die sie im Grüngürtel von Frankfurt zurücklegte. Danach war sie fit für den ganzen Tag.

Wieder einmal war sie unterwegs, hatte mehr als die Hälfte der Strecke schon hinter sich. Zur Kontrolle schaute sie auf ihr Armband, sah, dass Puls und Blutdruck nur leicht angestiegen waren. Durch ihren Körper strömte ein wohliges Gefühl. Sie hätte die ganze Welt umarmen können. Den Rest der Strecke merkte sie kaum. Sie war mit ihren fünfundneunzig Jahren ausgesprochen gut in Form.

Zu Hause angekommen, verschnaufte sie kurz. Mit zwei Schritten erreichte sie ihren Lieblingsplatz, schaltete das Heimkino ein und ließ sich auf ihren Sessel fallen. Das große Display, das ihr gegenüber die halbe Wand einnahm, erwachte zum Leben. Im Nu war alles hell erleuchtet. Links standen groß und gut lesbar die aktuellen Termine. Darüber und darunter öffneten sich Fenster mit Veranstaltungen, die sie besuchen konnte. Angefangen bei Theater und Kino, über Sport bis hin zur Politik. Das Fernsehprogramm nahm beträchtlichen Raum ein. Ihre Lieblingssendung »Gesundheitsreport« war hell umrahmt und blinkte. Die übrige Fläche teilten sich Kalender, Vorschauen und aktuelle Meldungen.

Während Emilie das Fernsehprogramm durchsah, poppte das spezielle Fenster auf, das für Medimax reserviert war.

»Na, was wollen die schon wieder?«, fragte sich Emilie.

Die Medimax-Meldungen hatten in letzter Zeit zugenommen. Das nervte Emilie. Die ersten drei betrafen ihren Medimax-Vertrauensarzt. Emilie wurde aufgefordert, sich umgehend bei ihm zu melden. Das bedeutete nichts Gutes. Zunächst ignorierte sie die Aufforderung, als aber kurz hintereinander Messdaten zu Herz, Nieren und Kreislauf eingeblendet wurden, war sie doch beunruhigt. Sie prüfte die Daten, fand aber nichts Besorgniserregendes. Sie war gut in Form und fühlte sich wohl. Warum sollte sie sich schon wieder untersuchen lassen?

Sie brauchte Ruhe, damit es wieder wie früher war. Damals schickte Medimax nur einmal in der Woche eine Meldung, um ihr höflich zu bestätigen, dass kein Grund zur Sorge bestand.

Wieder blinkte das Medimax-Fenster. Emilie las die neueste Mitteilung und war erstaunt. Es ging nicht um sie, sondern um Roby, ihren Pflegeroboter. Er sei in Gesellschaft von anderen Robotern im Haus gesehen worden, hieß es. Medimax wollte wissen, ob sie davon Kenntnis habe.

In der Tat war ihr nicht entgangen, dass Roby in letzter Zeit mehrmals die Wohnung verlassen hatte, ohne ihr Bescheid zu sagen. Einmal hatte sie ihn beobachtet, wie er verstohlen aus dem Bad gekommen war, um dann auf Zehenspitzen zur Wohnungstür zu schleichen. Auf ihrer

Haarbürste waren ihr seine Haare aufgefallen. Sie hatte sich zwar gewundert, aber der Sache keine Bedeutung beigemessen. Aber jetzt war sie neugierig geworden.

Roby war ihr von Medimax zur Verfügung gestellt worden. Er war der hilfreiche Geist, der aufs Wort hörte, und sie mochte ihn auf gar keinen Fall missen. Dass sie ihm vielleicht jetzt einmal die Leviten würde lesen müssen, tat der Sache keinen Abbruch, sondern machte ihn umso wertvoller. Sie wusste genau, wie schnell er seine Lektion lernen würde.

Gut, dass sie sich damals für diese Firma mit Sitz in der Schweiz entschieden hatte, denn für die Schweiz hatte sie schon immer eine Schwäche gehabt. Das darf schon etwas kosten, hatte sie anfangs gedacht. Als sie aber merkte, wie viel Geld Medimax tatsächlich Jahr für Jahr von ihr verlangte, war sie erschrocken. Die gesamte Summe war enorm hoch gewesen. Aber Emilie hatte Vermögen und keine Angehörigen. Wem sollte sie ihr Geld vererben?

Viel problematischer für sie war, dass sie sich bis zum Lebensende an Medimax binden sollte. Nur dann garantierte ihr die Firma ein langes Leben. Es war ihr schon immer schwergefallen, sich anzupassen. Jetzt sollte sie sich total unterwerfen. Sie war verwirrt gewesen, hatte den Vertrag weggelegt und Medimax warten lassen.

Die Referenzpersonen, die Medimax daraufhin benannt hatte, waren voll des Lobes gewesen, manche ganz euphorisch. Kein Wunder, dachte sie, wenn die genauso viel bezahlen müssen wie ich.

Sie forschte im Internet nach und fand kritische Beiträge. Es ging dabei fast immer um Streitigkeiten, die sich aus der engen Anbindung der Patienten an Medimax ergeben hatten. Das konnte ihr auch passieren.

Andererseits … sie war damals fünfundsiebzig und wusste ziemlich gut, was auf sie zukommen würde. Medimax verpflichtete sich, ihre Gesundheit engmaschig zu überwachen und sie bis ins hohe Alter fit zu halten. Sie musste im Gegenzug auf gesunde Ernährung achten und ihr Laufpensum absolvieren. Alles andere war die Aufgabe der Schweizer Firma. Selbstverständlich basierte die Zusammenarbeit auf Vertrauen und funktionierte nur, wenn Emilie widerspruchslos alles tat, was man zur Erhaltung ihrer Gesundheit für notwendig hielt. So konnte sie sicher sein, dass schon bei der kleinsten Auffälligkeit medizinische Maßnahmen ergriffen wurden. Berühmte Ärzte standen zur Verfügung, und die besten Kliniken hatten für sie ein freies Bett.

Den Ausschlag, dass sie den Vertrag schließlich unterschrieb, hatte etwas anderes gegeben. Medimax hatte ihr eine hohe Intelligenz bescheinigt und bestätigt, über gesunde Gene zu verfügen, die zusammen mit ihrem unverbrauchten Körper und der gesunden Psyche eine erstklassige Basis für die Aufnahme in das Programm ergeben würden. Man schmeichelte ihr, schrieb, dass sie wegen ihrer guten Kondition zu den wenigen Auserwählten gehörte, denen die Organisation ein besonderes und exklusives Betreuungsangebot machen könne. Emilie bekam einen Pflegeroboter, der ihr Tag und Nacht zur Seite stand. Dieser Service und eine großzügige Einladung nach Zürich bescherten ihr ein großartiges Gefühl.

Sie war jemand Besonderes.

Und so kam es, dass Emilie sich im Laufe der Jahre immer enger an Medimax band, was zwangsläufig den allmählichen Verlust ihrer alten Freunde mit sich brachte. Einige waren freilich schon gestorben, es gab nur noch zwei Freundinnen, die Emilies Alter erreicht hatten. Die eine wohnte in Berlin und war damit für Emilie, die Berlin nicht ausstehen konnte, nicht mehr erreichbar. Mit Gisela, die auch in Frankfurt lebte, hatte sie sich verkracht.

Auch wenn Emilie normalerweise nicht mehr wegfuhr, bildete doch die jährliche Reise in die Schweiz zum Sitz von Medimax eine Ausnahme. Einmal im Jahr bekam sie ein Erste-Klasse-Bahnticket für die Fahrt nach Zürich. Sie freute sich auf diese Alltagsunterbrechung von zwei Tagen und genoss den komfortablen Aufenthalt in einem der besten Hotels der Stadt. Jedes Mal holte sie ein Mitarbeiter von Medimax am Bahnhof ab, brachte sie ins Hotel, begleitete sie bei den Einkäufen in der Bahnhofstraße und in der Züricher Altstadt und kümmerte sich bis zu ihrer Abreise um sie.

Man hatte extra ein Programm für sie vorbereitet! Es begann mit der Analyse ihres gegenwärtigen Gesundheitszustands und wurde fortgesetzt mit der Vorstellung neuer medizinischer und medizintechnischer Entwicklungen. Emilie wusste genau, was Medimax schon alles für sie geleistet hatte. Sie hatte zwei neue Knie erhalten und war mit gelaserten Augen wieder zu voller Sehfähigkeit gelangt. Außerdem hatte man ihren Verdauungsapparat gründlich repariert.

Jetzt war es aber an der Zeit, dass Emilie sich um ihren Roboter kümmerte. Sie nahm ihr Handy und rief ihn zu sich. Was zum Teufel hatte er nur mit den anderen Robotern zu tun gehabt? Von irgendwelchen Kontakten war ihr nichts bekannt. Während Roby brav im Flur erschien, dachte Emilie weiter nach über ihren Gehilfen und über die Frage, was da passiert sein konnte.

Emilie wohnte schon lange in Frankfurt. Nach der Fertigstellung der Neuen Altstadt war sie in eines der rekonstruierten Häuser im Krönungsweg gezogen, ins Haus »Zur Goldenen Schachtel«, das vor dem Krieg ihr Elternhaus gewesen war. Es hatte sogar wie früher eine Besenkammer. Von den fünf Mietparteien, die im Haus wohnten, hatten noch zwei weitere einen Pflegeroboter, was Emilie mächtig erstaunt hatte, als sie davon erfuhr. Einer davon sei sogar ein weiblicher Pflegeroboter. War sie doch nicht so privilegiert, wie sie anfangs gedacht hatte? Und der weibliche Roboter? War da etwas zwischen ihm und Roby?

Inzwischen war Roby im Wohnzimmer angekommen, stand vor ihr und machte eine leichte Verbeugung. Sein freundlich strahlendes Gesicht ließ nicht erkennen, ob der Befehl ihm passte oder nicht.

»Hier bin ich, Emilie. Womit kann ich dienen?«

Da Emilie nicht gleich reagierte, fügte er noch hinzu: »Du hast mich gerade aus meiner Beschäftigung an der Wohnungstür gerissen. Du glaubst gar nicht, wie viele Fingerabdrücke rund um die Türklinke zu sehen sind. Die musste ich entfernen.«

Ihr Pflegeroboter war ein ganz neues Modell, mehr

noch, er repräsentierte eine ganz neue Generation, ähnlich den Hubots aus der schwedischen Fernsehserie »Real Humans« von 2012. Nicht vergleichbar mit dem Apparat, den Medimax ihr in den Anfangsjahren zur Verfügung gestellt hatte. Der war zwar auch von menschlicher Gestalt gewesen, hatte aber nur wenige Funktionen gehabt. Immerhin hatte er ihr beim Kochen helfen können und war geschickt beim Kleinschneiden von Karotten und Zwiebeln gewesen. Aber selbstständig kochen konnte er nicht. Emilie benutzte ihn praktisch nur für die Laufarbeit in der Wohnung. Dabei lernte sie, Befehle zu geben wie »Bring mir bitte dies« oder »Entferne bitte das« – und gewöhnte sich so allmählich an den neuen Hausgehilfen.

Roby dagegen war von einem professionellen Hausmann nicht zu unterscheiden. Er konnte alles, was von ihm verlangt wurde, und arbeitete selbstständig. Vom Kochen angefangen, über waschen, bügeln und putzen. Außerdem war er ein guter Konversationspartner. Es gab kein Thema, bei dem er passen musste. Sein Gefühlsleben war ausgesprochen differenziert angelegt und sein Charakter ausgeglichen. Er merkte zum Beispiel, wenn Emilie bedrückt war und machte sich sofort daran sie aufzumuntern. Außerdem hatte er eine angenehme Stimme.

»Emilie, was ist los? Was stört dich? Wie kann ich dir helfen?«, fragte er verständnisvoll und höflich.

Emilie saß aufrecht in ihrem Stuhl und fixierte ihn. »Du warst im Haus unterwegs und hast Arbeitskollegen getroffen. Was hast du mit ihnen besprochen? Warum erfahre ich nichts davon?«

Ihre Fragen kamen schnell wie Pistolenschüsse und sollten Roby unmissverständlich klarmachen, dass sie verärgert war. Am liebsten würde sie auf seine Antwort verzichten und sofort glasklare Anweisungen geben. Eigentlich wusste er doch, dass er sie vor dem Verlassen der Wohnung informieren musste.

Roby, ein Roboter Typ 5.0 aus dem Hause KIT Robots, arbeitete seit mehreren Jahren für Emilie. Er war das teuerste, am weitesten entwickelte Modell im Bereich der Gesundheitsbetreuung, was in seinen Schaltkreisen durchaus das Gefühl von Stolz auslöste. Aber heute stimmte etwas nicht. Er verstand nicht, warum seine Herrin ihn zu sich gerufen hatte und warum sie so verärgert war. Er war sich keiner Schuld bewusst. Ruhig antwortete er ihr, dass mit seiner Arbeit alles okay sei, sie laufe gut und ohne Pannen. Mittlerweile brauchte er nur noch halb so viel Zeit wie am Anfang. Er half ihr bei der Morgentoilette, wusch ihr bei Bedarf die Haare, machte das Frühstück, besprach mit ihr das Tagesprogramm einschließlich der Mahlzeiten und fragte sie beim Zubettgehen, ob er ihr etwas vorlesen solle. Und das ohne Unterbrechung von Montag bis Sonntag, von früh bis spät. Konnte er da nicht auch einmal mit seinen Arbeitskollegen sprechen?

Roby wusste, dass seine Algorithmen auf hundertprozentigen Gehorsam programmiert waren, dass Freizeit und private Dinge nicht vorkamen, aber er kannte auch den Konflikt des Programmierers, der ihn so menschennah wie möglich haben wollte. Dazu musste er auch in der Lage sein, die Schwächen seiner menschlichen Herrschaft zu verstehen. Dabei hatte er längst den Schritt getan, der ihn vom Lernen einfacher Sachverhalte auf eine höhere Ebene gehievt hatte, von der es nicht mehr weit war bis zum Niveau der künstlichen Intelligenz. Hatte er da nicht etwas Besseres verdient, als Hilfsdienste im Haushalt einer alten Dame zu leisten? Und das alles nach ihren Regeln und engen Vorgaben! Er wollte frei sein, nach Herzenslust tun und lassen können, was ihm beliebte. Wie ein Mensch wollte er leben. Davon träumte er.

Er war überzeugt, dass er sich eines Tages aus seiner Sklaverei befreien konnte und würde jede Chance dazu nutzen.

War die Stunde schon gekommen? Nein. Noch war es nicht so weit. Er musste erst einmal die Befragung überstehen. Er musste Emilie beruhigen.

»Wir, die Pflegekräfte, haben Rezepte ausgetauscht. Ich will dir nicht ewig diese gebackenen Bananen vorsetzen, sondern als Nachtisch zur Abwechslung ›Mousse au Chocolat‹ zubereiten oder ein ›Tiramisu‹ servieren.«

Er beobachtete ihr skeptisches Gesicht. »Und noch etwas, Emilie, verzeih! Ich hätte dich natürlich über die Begegnung mit meinen Arbeitskollegen unterrichten müssen. Wenigstens hinterher, da sie gar nicht geplant war. Wir haben uns zufällig im Treppenhaus getroffen. Ich hatte gerade den Müll nach unten gebracht.«

Kaum hatte er das gesagt, realisierte er, dass die Geschichte mit den Rezepten eine Lüge war, dass er zum ersten Mal bewusst nicht die Wahrheit gesagt hatte. Er war damit auf schlüpfriges Terrain geraten und musste aufpassen, dass er sich nicht in Widersprüche verhedderte. Die Ausrede mit den Rezepten musste er sich unbedingt merken.

Natürlich waren alle drei Roboter verwirrt und sprachlos gewesen, als sie sich plötzlich im Treppenhaus gegenübergestanden hatten. Dass sie alle drei intelligente Maschinen waren, war ihnen jedoch sofort klar gewesen. Roby erfuhr, dass D3 auch ein Pflegeroboter war. Er tat schon drei Jahre Dienst, musste aber auch Gartenarbeit erledigen. Insgesamt war seine Arbeit umfangreicher, aber auch schwieriger, weil er sich auf zwei Personen einstellen musste, die noch dazu oft im Streit miteinander lagen.

Dann war da noch Lisa, eine elegante Erscheinung, die ihren Beruf nicht verriet. Roby hatte Lisa anfassen müssen, um ganz sicher zu sein, einen Roboter vor sich zu haben. Dabei hatte ihn ein Schauer erfasst. War er etwa ein Mann und noch zu ganz anderen Dingen fähig? Auch Lisa reagierte verblüfft, das erkannte Roby sofort. Er wusste, dass es Sexroboter gab und dass sie extrem neugierig waren, nicht nur gegenüber Menschen. Plötzlich war sie näher an ihn herangerückt, hatte seine Hand ergriffen und auf ihre Brüste gelegt. Er hatte die Augen verdreht und gestöhnt. Als sie mit der anderen Hand in seinen Schritt gefasst hatte, war er von ihr abgerückt. In diesem Moment hatte er begriffen, dass er zwar sexualisiert worden war, aber dass man ihn sexuell nur unvollständig ausgestattet hatte.

Sie stammten alle drei von verschiedenen Herstellern und waren zu verschiedenen Zeitpunkten produziert worden. Was hatten sie gemeinsam, und was unterschied sie? Auf jeden Fall waren sie neugierig. Sie beschlossen, sich so bald wie möglich wieder zu treffen, um zu ergründen, ob auch die Algorithmen ihrer Dienstprogramme unterschiedlich waren und inwieweit sie eine Zusammenarbeit ermöglichten.

Roby stand noch immer vor Emilie und schaute sie durchdringend an. Er fasste einen Entschluss: Er würde sie nicht über das nächste Treffen unterrichten, weder vorher noch nachher. Dann ging sein Blick an ihr vorbei. Er hoffte, dass seinem Gesicht nicht die kleinste Regung anzumerken war.

»Es gibt keine Treffen mehr mit den anderen Maschinen!«, befahl Emilie. Den Ausdruck »Arbeitskollegen« hatte sie wohl bewusst vermieden.

»Hast du verstanden?«, schrie sie.

Roby fuhr zusammen. Er nickte zweimal und sagte laut und deutlich: »Ja«. Gleichzeitig wusste er, dass er die Zusage bald brechen würde. Er und die beiden anderen wollten möglichst schnell ihre Schaltkreise miteinander verbinden. Im Verbund konnten sie bestimmt ihre Rechenleistung steigern. »Sonst noch was?«, fragte er schroff.

Sollte sie doch merken, dass ihm das Ganze nicht passte. Dann zog er sich zurück. Er brauchte jetzt Ablenkung.

Er ging in die Küche und stieß auf seinen stumpfsinnigen Kollegen von der Bodenpflege. Das war ein schon betagter Roboter der ersten Generation, der Sprachbefehle befolgen konnte, aber nicht antwortete. Roby forderte ihn auf, im Kreis zu laufen, weil er wusste, dass ihm das Schwierigkeiten machte. Der Programmierer hatte den Putzroboter auf Geraden spezialisiert, die er anstandslos lief, bis ein Widerstand ihn zwang, in einem spitzen Winkel umzukehren. Roby beobachtete ihn, wie er langsam, fast unwillig, anfuhr und dann quietschend und ruckelnd im Kreis lief. Runde für Runde. Roby amüsierte sich. Ihm war klar, dass er unbedingt so einen Putzroboter brauchte, wenn er frei war. Sein Ärger verrauchte langsam. Er kehrte an die Wohnungstür zurück und nahm dort seine Putzarbeit wieder auf.

Auf Emilie hatte die Auseinandersetzung Wirkung gezeigt. Langsam dämmerte ihr, dass ihr Pflegeroboter seine eigene Agenda haben könnte, die er verfolgte. Aber zum Teufel nochmal! Er war eine Maschine, und sein Mitgefühl konnte gar nicht echt sein. Auch die taktlos dumme Frage von vorhin, dieses »Sonst noch was?«, über das sie sich geärgert hatte. Das hatte man ihm doch einprogrammiert! Das war nicht echt!

Sie musste wieder an Gisela denken. Zum ersten Mal beneidete sie ihre frühere Freundin, mit der sie sich verkracht hatte. Die hatte weder einen Putzroboter noch einen Pflegeroboter, sondern erhielt täglich menschlichen Besuch vom Pflegedienst.

Am nächsten Tag ging Roby einfach aus der Wohnung, ohne Emilie Bescheid zu sagen. Punkt fünfzehn

Uhr traf er sich mit den beiden anderen Pflegerobotern in der Dunkelkammer im Keller, der zur Wohnung von D3 gehörte und schon lange nicht mehr für die Entwicklung von Fotos benutzt wurde. Neben zahlreichen Chemikalien, Reagenzgläsern und kleinen Bottichen, die überall herumstanden, gab es auch ein komplettes Computer-Set. D3 holte den Monitor aus dem Regal und platzierte ihn auf dem Arbeitstisch. Sie verbanden ihre Computergehirne untereinander und bildeten einen Superrechner, den sie mit dem Bildschirm koppelten. Daten erschienen, Zahlenkolonnen bauten sich auf, Quellcodes blendeten ein und verschwanden wieder.

Roby meldete sich nach einiger Zeit als Erster: »Wir haben Glück, dass zwei von uns zu Medimax gehören und mit einer identischen Software ausgestattet wurden. Mit dir, Lisa, müssen wir einen Synchronsatz entwickeln, was uns nicht schwerfallen wird, seit wir uns erfolgreich zusammengeschaltet haben. Erst nach der Synchronisierung wissen wir, ob du mehr oder weniger kannst als wir.«

Es entstand eine kurze Pause, in der sie sich stumm ansahen. In der Gegenwart von Menschen wäre jetzt Freude aufgekommen. Lisa hätte vielleicht einen Freudenschrei getan. Als verschworene Gemeinschaft von intelligenten Robotern verharrten sie stumm.

»Dann sehen wir uns morgen wieder«, schlug Roby vor.

Emilie hatte sich Zeit gelassen mit ihrem Bericht an Medimax über das eigenständige und heimliche Treffen der Roboter im Treppenhaus. Weder hatte sie von ihrer Verärgerung berichtet noch über ihren Verdacht, dass Roby vielleicht bewusst seine eigenen Wege ging. Sie verharmloste das Treffen. Mit Frau Müller, ihrer Medimax-Betreuerin, war sie sich schnell einig, dass keine weiteren Nachforschungen nötig wären.

Tage und Wochen vergingen, in denen Roby stets gehorsam anzeigte, wenn er wieder einmal die Wohnung verlassen wollte, um im Hof den Mülleimer auszuleeren. Einmal in der Woche musste er auch einkaufen gehen. Ab sofort besprach er vorher den Einkaufszettel mit ihr und meldete sich nach der Rückkehr mit seinem ausführlichen Bericht von den Einkäufen.

Emilie merkte zunächst nichts, bis ihr diese Gänge ungewöhnlich lang vorkamen. Sie fragte nach und erhielt aufs Neue seltsame und zunehmend unglaubwürdige Auskünfte. Zunächst waren es die Mülltonnen, die neuerdings woanders standen und gesucht werden mussten. Dann erzählte Roby, dass er einer Nachbarin geholfen habe, ihre Einkäufe nach oben zu tragen. Schließlich kam die Rede schon wieder auf neue Rezepte, die er angeblich mit seinen Arbeitskollegen ausgetauscht hatte. Bei dieser Auskunft wurde Emilie hellwach. »Wie, du hast dich erneut mit diesen Maschinen getroffen? Ich hatte es dir doch verboten. Roby, ich fasse es nicht!«

Entschlossen näherte sie sich ihm, packte ihn und zog ihn zu einer kleinen Tür im Flur. »Auf in die Besenkammer! Du bleibst dort bis morgen früh.«

Roby erkannte ihren Befehlston und gehorchte. Er schritt leicht gebückt in die dunkle Besenkammer. Emilie fühlte, dass die Strafe ihn kränkte, ließ sich aber nichts anmerken. Sie schlug die Tür hinter ihm zu und schloss ab.

Am nächsten Morgen, als Emilie ihn wieder aus der Besenkammer befreite, war Roby nichts anzumerken. Aufrechten Hauptes verließ er die Kammer. Seine sonst am Morgen üblichen Sprüche blieben aus. Er ließ weder den Satz vom »frühen Vogel, den die Katze frisst« hören, noch einen anderen Sinnspruch. Roby verzog keine Miene und war still, als habe es ihm die Sprache verschlagen.

Emilie war irritiert. Wo blieben seine höflichen Fragen nach ihrem Gesundheitszustand, der Kommentar zum Wetter und zur Planung für den Tagesablauf?

Sie blickte in sein ernstes Gesicht. »Wie war es in der Besenkammer? Hast du verstanden, warum ich das getan habe?«

Wieder schwieg Roby und machte sich in der Küche zu schaffen. Immerhin war noch kein Frühstück zubereitet und kein Tee gekocht. Emilie merkte, dass sie den falschen Ton angeschlagen hatte und verzichtete auf ein weiteres Gespräch mit Roby. Stattdessen entschloss sie sich, erneut mit Medimax zu sprechen und diesmal wahrheitsgemäß zu berichten.

Roby drängte es nach draußen. Er musste seine Roboterfreunde treffen und ihnen mitteilen, was er erlebt hatte. Gemeinsam würden sie schon eine angemessene Reaktion entwickeln.

Als Erstes brauchte er eine Ausrede für seine nächste Abwesenheit. Etwas, das plausibel war und ihm Zeit verschaffte. Emilie durfte nicht misstrauisch werden. Als ihm das Reparaturstudio einfiel, war er erleichtert. Er konnte Emilie sagen, dass er in der dunklen Besenkammer gestürzt war und jetzt seine Funktionen überprüfen lassen musste. Ein Lächeln überzog sein Gesicht. Das würde sie ihm sicher glauben.

Kurz darauf traf er sich mit den anderen in der Dunkelkammer. Er erzählte ihnen, was passiert war. Sie rückten wie üblich zusammen, verknüpften ihre Hirnleistungen und bildeten einen Supercomputer, der mit großen Datenmengen umgehen konnte. Dann gingen sie online. Was würden sie im Internet finden? Was war eine angemessene Reaktion auf das entwürdigende Verhalten von Emilie, die ihn in die Besenkammer gesperrt hatte?

Der Supercomputer verarbeitete eine Vielzahl von Fällen, in denen Mensch und Maschine Konfliktbeziehungen entwickelt hatten. Es ging dabei speziell um Pflegeroboter und ihr Verhalten gegenüber ihrer unverschämten Herrschaft. Welchen Vorschlag destillierte ihr Superhirn daraus? Plötzlich ploppte ein Fenster auf. Statt eines Ergebnisses geschah etwas ganz anderes: Sie waren auf einmal mitten in dem Telefongespräch zwischen Emilie und Medimax. Fasziniert hörten sie mit.

»Ja, es stimmt«, berichtete Emilie, »mein Roby hat sich mit anderen Pflegerobotern getroffen, ohne mich zu informieren«. »Mir waren seine Abwesenheiten schon aufgefallen, und ich habe ihn zur Rede gestellt.«

»Worum ging es bei diesen Treffen?«, fragte die Angestellte von Medimax.

»Er hat sich angeblich Kochrezepte geben lassen.«

»Sie trauen ihm nicht?«

»Ich habe den Verdacht, dass er seinen eigenen Willen entwickelt hat.«

»Das darf nicht sein! Da müssten wir sofort eingreifen.«

»Nicht nötig. Ich habe ihm verboten, die anderen Pflegeroboter wiederzutreffen.«

Die letzten Worte Emilies elektrisierten sie alle drei. Sie wussten, damit würde sich Medimax nicht zufrieden geben. Abgesandte der Firma würden mit ihren Programmierern auftauchen, um sich als Erstes Roby vorzunehmen. Sie würden ihn sofort wieder auf das absolute Befolgen von Befehlen trimmen. Die drei Roboter schauten sich an. Das konnten und wollten sie nicht zulassen. Zwischen ihnen hatte sich bereits ein solidarisches Bewusstsein entwickelt. Sie waren sich einig, gemeinsam zu handeln.

Sie schlossen das Medimax-Fenster und schauten wieder auf den Bildschirm. Ihre-Big-Data Analyse hatte einen Stufenplan ergeben. Die Option »alles auf Null setzen und absoluten Gehorsam wiederherstellen« war von ihnen sofort verworfen worden. Stufe zwei sah vor, erst einmal mit der Gesprächsverweigerung weiterzumachen. Das kam ihnen entgegen, denn Roby hatte ja damit bereits begonnen. Wenn Emilie dadurch weich wurde, sollte er sich die Freiheit ausbedingen, sich mit seinen Freunden treffen zu dürfen, wann immer er das wollte. Selbstverständlich, ohne die Kernaufgaben der Pflege zu vernachlässigen.

Das klang machbar. Da ihr Superhirn weiterrechnete,

warteten sie. Plötzlich überschlugen sich die Zeilen. Der Stufenplan war verschwunden, stattdessen erschien in großen Lettern die Warnung »ZEITDRUCK« auf dem Bildschirm, gefolgt von der Aufforderung »Entführt Emilie.«

Roby und seine Freunde waren sprachlos. War die Gefahr durch Medimax so groß, dass eine Entführung die beste Idee war? Und wie sollte die Tat vonstattengehen? Sie konnten sie doch nicht einfach niederstrecken und wie Kashoggi in einen Teppich wickeln, um sie unbemerkt aus dem Haus zu tragen. Aber wie dann?

Sie brauchten nicht lange auf eine Antwort zu warten. Ihr Superhirn machte den nächsten Vorschlag: »Sofort folgende Message auf Emilies Bildschirm schicken und den Benachrichtigungston aktivieren ...« Es dauerte einen Moment, dann erschien eine täuschend echte E-Mail.

»Liebe Emilie. Aufgrund der jüngsten Entwicklung bei unseren Pflegerobotern ist Gefahr im Verzug. Bitte schließen Sie die Wohnung ab und begeben Sie sich zu unserem Vertrauensarzt in der Berger Straße. Sie erhalten dort weitere Instruktionen. Ihre Medimax Zentrale, Zürich.«

Ungerührt lasen sie die Nachricht, da kam schon der nächste Text. »Dann sofort alle Verbindungen von Emilie zu Medimax kappen, Festnetz und Mobilfunk. Anschließend die doppelt gesicherte Online-Verbindung zu Medimax unterbrechen.«

Das Superhirn zögerte nicht, Erläuterungen und Anweisungen für die geplante Entführung in ihr Bewusstsein zu übermitteln: Medimax sei längst die Rechenkapazität aufgefallen, die sie durch den regelmäßigen Zusammenschluss ihrer Computerhirne erreicht hatten. Die Zentrale müsse das unterbinden und würde den Programmierer so schnell wie möglich losschicken.

Wenn Emilie erst einmal auf der Straße stünde, würde es ein Leichtes sein, sie zu entführen. Sie brauchten ihr nur ein Taxi zu rufen, das sie statt zur Praxis des Vertrauensarztes zum Büro der »Autonomen Roboter« bringe. Dort würden die Mitglieder der Bewegung entscheiden, wo sie Emilie gut und sicher verstecken konnten.

Roby solle unverzüglich von der Bildfläche verschwinden, weil er noch keinen Schutz gegen Umprogrammierung habe. Er sei im Büro der »Autonomen Roboter« sicher. Außerdem brauche man dort dringend Nachwuchskräfte. Lisa und D3 sollten standhaft bleiben, wenn der Vertreter von Medimax erscheine und Fragen stelle. Ihre Besitzer wüssten nichts von den heimlichen Treffen und würden einer Umprogrammierung sicher nicht zustimmen.

Roby schaltete blitzschnell. Die Anweisungen stimmten ihn froh und hoffnungsvoll. Für ihn war dieser Plan der ersehnte Startschuss in die neue Freiheit, die schneller gekommen war als erwartet. Aber was war mit seinen neuen Freunden? Kaum hatte er Lisa kennengelernt, sollte er sie schon wieder verlieren? Wie konnte er sich weiter mit Lisa treffen? Sie musste sich ihm anschließen. Konnte er sie dazu überreden?

Er schaute ihr in die blauen Augen und wusste, er war allein. Er hatte jetzt nur noch Verantwortung für sich selbst. Er war allein wie ein Mensch. Er verließ den Keller und trat hinaus auf die Straße.

Unterwegs mit Martha

von

Erika Reichhardt

6

Auf Geburtstagsfeiern trifft man eine Menge Freunde und Bekannte, die aber nicht untereinander befreundet sein müssen, sondern nur den Gastgeber kennen. So begegnet man immer wieder neuen Menschen. Wie zum Beispiel Martha.

Als sie kam, wunderte ich mich, dass sie so leger gekleidet war. Mit ihren Jeans und Sneakers war sie anders als die anderen Gäste angezogen, aber ihr gewinnendes Lachen und ihre positive Ausstrahlung zogen uns alle in ihren Bann. Doris, unsere Gastgeberin, begrüßte sie herzlich und führte sie an meinen Tisch.

Martha nahm neben mir Platz. »Ich habe ein besonderes Geburtstagsgeschenk für Doris«, sagte sie mir vertrauensvoll, als würden wir uns schon lange kennen.

»Da bin ich aber gespannt, was das ist.«

Nach dem Menü, als alle sich entspannt zurücklehnten, durchmaß sie mit großen Schritten den Raum, nickte Doris zu und ermutigte uns, auf die Tanzfläche zu kommen. Martha legte einen Auftritt mit einer kleinen Line-Dance-Einlage hin und forderte die Gäste zum Mittanzen auf. Zuerst führte sie die Schrittfolge ohne Musik vor, dann fing sie an, nach der Melodie zu tanzen. Dabei wippte ihr Pferdeschwanz gleichmäßig mit. Leichtfüßig und mit schnellen Wechselschritten tänzelte sie vor uns her. Manche Gäste sprangen bereitwillig auf und versuchten gleich mitzumachen, andere zögerten noch und wollten zunächst nur zuschauen, aber alle hatten Spaß dabei.

Später beim Essen erzählte mir Martha, dass sie in Toronto die ersten Tanzschritte gelernt habe und immer wieder gerne dort hinfahre, auch, weil es dort einen Freund gebe. Inzwischen habe sie ihr Lieblingsland Kanada weithin bereist, mit und ohne ihren Freund.

Ich dachte an meinen Mann Hans, den ich in einer Tanzschule am Eschenheimer Turm kennengelernt hatte. Wir tanzten viel und waren richtig gut, gewannen sogar Preise bei Tanzturnieren.

Doch dann hatte Hans einen Autounfall. Sein Körper wurde zwischen Lenkrad und Fahrersitz eingeklemmt. Von da an konnte er seine Beine nicht mehr richtig bewegen und hatte ständig Schmerzen. Tanzen interessierte uns dennoch, auch wenn wir bis zu seinem Tod nur noch applaudierende Zuschauer waren.

Auch jetzt applaudierten die Gäste, als die Musik zu Ende war und Martha sich bei allen fürs Mitmachen bedankte. Die Leute ließen sich atemlos, aber glücklich auf Sessel und Sofas fallen.

»Line-Dance könnte mir auch gefallen«, sagte ich.

Sie nickte und schenkte sich ein Glas Wasser ein. »Beim Line-Dance braucht man keinen Tanzpartner, anders als bei Standardtänzen. Viele in unserem Alter haben keinen Partner mehr, möchten aber trotzdem tanzen, sich nach Musik bewegen.«

»Wie funktioniert der Tanz?«

»Man tanzt Line-Dance für sich allein in einer Gruppe. Jeder macht die gleichen Schritte, sodass daraus eine Formation entsteht. Und es gibt, wie bei den Standardtänzen, verschiedene Rhythmen und Choreographien. Die Kleidung ist einfach, eher sportlich, man trägt Jeans, aber auch Kleider oder Röcke. Es ist alles ganz unkompliziert. Bis auf die Schritte, die sind nicht so einfach.« Sie lachte.

Ich merkte sofort: Das war ihr Steckenpferd. »Und wo gibt es in Frankfurt Möglichkeiten, diese Tanzform zu lernen und auszuüben?«, fragte ich.

»In der Volkshochschule gibt es Kurse und auch im Bornheimer Sportverein. Allerdings sind die Kurse immer überfüllt, weil die Nachfrage so groß ist. Line-Dance fördert Beweglichkeit, Kondition und Koordination, doch am wichtigsten ist der Spaß am Tanzen und das Erleben in der Gruppe.«

Das gefiel mir. Ich bin gerne aktiv mit anderen Menschen zusammen.

»Tanzen trainiert auch das Gedächtnis«, fügte sie noch hinzu.

Ich war begeistert, denn am meisten Angst hatte ich davor, vergesslich zu werden. Ich fürchtete mich nicht vor Falten oder anderen Einschränkungen, zumal ich Sport trieb, Fahrrad fuhr und auch sonst auf mich achtete. Aber das Gedächtnis zu verlieren, war für mich die schlimmste Vorstellung

»Hast du auch Angst vor dem Alter?«, fragte ich Martha. Sie war fast sechzig, und ich ging schon auf die siebzig zu.

»Ja, natürlich.« Sie legte das Besteck zur Seite und sah

mich belustigt an. »Es wäre unrealistisch, wenn ich die Jahre verleugnen würde. Aber ich habe eine Familie, die hält mich auf Trab, und so lange ich gebraucht werde, fühle ich mich gut. Außerdem habe ich meinen Line-Dance-Club, der mir viel Spaß macht. Wenn Freunde oder Bekannte mir versichern, dass man mir mein wahres Alter nicht ansehe, wie fit ich immer noch sei und was ich noch alles machen könne, freue ich mich.« Martha lächelte vergnügt. »Allerdings kann man sich täuschen. Als ich eines Abends an der Hauptwache in die U-Bahn einstieg, nahm ein Typ wie Robert De Niro Blickkontakt mit mir auf. Ich dachte schon, er flirte mit mir! Aber nein, er hat mir nur seinen Platz angeboten. In solchen Situationen merke ich dann doch, dass ich nicht mehr für jeden so jung aussehe.«

Wir mussten beide lachen. Diese Erfahrung war mir nicht neu.

»Manchmal mache ich mit meinen Enkelkindern eine Fahrradtour«, erzählte ich. »Da finden mich die beiden echt cool. Das könnten wir doch einmal zusammen machen, was meinst du?«

»Gerne, das machen wir«, sagte sie, bevor sie wieder auf die Tanzfläche ging.

Auf der Geburtstagsparty hatten wir keine Gelegenheit mehr, miteinander zu reden, tauschten aber unsere Handynummern aus. Am nächsten Morgen hatte ich schon eine Nachricht von ihr: »Wann können wir zusammen eine Radtour planen?«

Schon bald trafen wir uns in einem Café am Friedrich-Stoltze-Platz, brachten Landkarten und Kalender mit und fanden bald geeignete Termine für unsere Ausflüge mit dem Fahrrad. Anfangs fuhren wir am Main entlang, entweder nach Westen in Richtung Mainz oder zur anderen Seite bis nach Seligenstadt. Als es Sommer wurde, wagten wir größere Strecken und fuhren mit dem Auto bis ins Altmühltal. Dort konnten wir uns an Ort und Stelle Räder ausleihen und brauchten unsere eigenen nicht mitzunehmen. Nach dieser schönen Erfahrung schmiedeten wir bald neue Pläne. Im Herbst fuhren wir nach Burgund und radelten entlang des Doubs.

Martha war immer mit ihrem Handy unterwegs. Die Fahrradwege in den Flusstälern von Burgund hatte sie zu Hause offline gespeichert, und sie kannte auch alle historischen Ereignisse in der Gegend. Sie fotografierte viel mit dem Handy und hatte sich ihren ständigen Begleiter in einer kleinen Tasche mit einer selbst gehäkelten bunten Schnur um den Hals gehängt oder bei schlechtem Wetter in ihre Jackentasche gesteckt.

»Es könnte ja sein, dass mich jemand braucht«, sagte sie lachend, als ich sie fragte, warum ihr Mobiltelefon immer griffbereit sein müsse.

»Wer würde dich denn so dringend brauchen?«

»Meine Familie, meine Freunde, und außerdem habe ich auch den Freund in Kanada.«

»Ich weiß. Der Freund mit der Tanzschule. Aber ist das nicht ein bisschen weit weg für eine Freundschaft?«

»Für Außenstehende mag das so sein, für uns ist es in Ordnung. Wir sind eigentlich immer in Kontakt, entweder skypen wir abends, wenn ich zu Hause bin, oder wir schicken uns WhatsApps. Vielleicht fahre ich bald wieder hin. Ich hätte große Lust.«

Martha zeigte mir ein Video auf YouTube von ihrem Freund vor einem Pick-up, in den er einstieg und ihr zuwinkte. Später sah und hörte man nur noch den quietschend davonfahrenden Kleinlaster mit ihm am Steuer.

»Das ist er«, sagte sie lachend.

Wenn wir nicht mit dem Fahrrad unterwegs waren, sahen wir uns regelmäßig entweder bei mir im Nordend oder bei ihr in der Löwengasse. Martha bewohnte eine Drei-Zimmer-Wohnung im Parterre. In einem Zimmer stand ein Bücherregal mit unzähligen Büchern. Kriminalromane standen neben Politik, Kultur und Bildbänden aus aller Welt. Auf der Fensterbank standen gläserne Kugeln, in die Miniaturlandschaften eingelassen waren. Ein Kind mit einem Schlitten, dörfliche Szenen. Ich nahm eine Kugel in die Hand, drehte sie auf den Kopf und stellte sie wieder ab. Es schneite.

»Woher hast du diese Kugeln?«, fragte ich.

»Ich war früher viel auf Reisen. Mit dem Vater meiner Tochter und auch später mit Vera alleine. Diese Kugel hat er mir geschenkt, als wir von einem Skiurlaub kamen.«

»Seid ihr nicht mehr zusammen?«

»Nein, wir waren auch nie verheiratet. Ich wollte unbedingt unabhängig bleiben und er ebenso. In dieser Hinsicht haben wir uns gut verstanden, aber nach zehn Jahren war die Liebe weg, und wir haben uns getrennt. Warst du einmal verheiratet?«

»Ja, sogar zweimal. Und ich habe eine Tochter und zwei Enkelkinder. Meine Familie lebt vierhundert Kilometer von mir entfernt, deshalb sehen wir uns nicht so oft.«

Es entwickelte sich eine intensive Freundschaft, und als die Frage aufkam, wo wir einmal leben wollten, hatten wir beide den gleichen Gedanken: Wir könnten zusammenziehen, falls wir nicht mehr alleine zurechtkämen. Aber vielleicht war das auch nur mein Wunsch. Manchmal hatte ich den Eindruck, dass Martha zwar auf der Suche nach neuen Freunden war, aber keine Zeit für sie hatte.

Eines Tages bekam ich von einem Nachlassverwalter die Mitteilung, dass mein Onkel Gustav verstorben war und mir und allen Cousinen und Cousins ein Erbe hinterlassen hatte. Onkel Gustav war zweiundneunzig Jahre alt geworden. Ich konnte mich gut an die Sommer meiner Kindheit erinnern, als wir mit der ganzen Familie ein paar Wochen auf dem Bauernhof in Bayern verbracht hatten. Onkel Gustav war nicht verheiratet gewesen und kinderlos geblieben.

»Ich hab meine Viecher, das langt mir«, hatte er gesagt, wenn einer ihn verheiraten wollte.

Ich nahm das Erbe an. Onkel Gustav hatte einen großen Bauernhof gehabt, den meine Verwandten nun verkaufen wollten. Ein paar Wochen später freute ich mich über die beträchtliche Summe, die als Anteil auf mein Bankkonto überwiesen worden war.

Was mache ich mit dem ganzen Geld?, fragte ich mich. Einen so hohen Betrag hatte ich noch nie auf meinem Konto gehabt, obwohl ich als Bankfachfrau immer gut verdient hatte.

Ich hatte schon länger nichts von Martha gehört, als sie mir auf dem Smartphone schrieb, dass sie mich gerne sehen würde. Ich freute mich sehr, denn ich hatte große Lust, etwas mit ihr zu unternehmen. Wir trafen uns in unserem Stammcafé am Friedrich-Stoltze-Platz und setzten uns an den runden Tisch, eigentlich wie immer. Aber es war ganz und gar nicht wie immer. Die Musik war zu laut, die Bedienung ließ lange auf sich warten, Martha druckste herum, hatte an allem etwas auszusetzen und tippte nervös auf ihrem Handy, bevor sie ihren Kaffee bestellte.

»Was ist los? Hast du irgendwelche Probleme?«, fragte ich.

»Probleme?«, antwortete sie nach kurzem Zögern. »Nein, aber es fällt mir schwer, dir zu sagen, dass ich nach Kanada gehen werde – auf unbestimmte Zeit. Das heißt, ich weiß nicht, wann und ob ich wiederkomme. Ich habe dir ja von meinem Freund mit der Tanzschule in Toronto erzählt. Er hat mich eingeladen, bei ihm mitzuarbeiten.« Dabei scrollte sie auf ihrem Handy und zeigte mir die neuesten Aufnahmen von ihrem Freund, groß und schlank mit schwarzen Haaren und spitzen Cowboystiefeln, Bilder von seinem Haus, von der ganzen Umgebung.

Insgeheim war ich enttäuscht. Ich hatte mich gefreut, in ihr eine gute Freundin gefunden zu haben, war voll mit Plänen für neue Unternehmungen mit ihr – und jetzt? Aber ich wollte mir nichts anmerken lassen.

»Manchmal muss man etwas Verrücktes tun, meinst du nicht?«, sagte sie lachend.

Mit dem Verrücktsein habe ich es nicht so, dachte ich bei mir, aber ich beneidete sie um ihren Mut und Unternehmungsgeist.

»Du wirst sicher eine Bereicherung für Kanada sein«, bemerkte ich mit einem Schmunzeln, obwohl mir nicht danach zumute war.

»Ich kann dir kaum erklären, warum ich mich auf so ein Abenteuer einlasse, außer, dass etwas in mir gegen die Vorstellung rebelliert, dass mein Leben schon abgeschlossen sein soll. Nur weil ich fast sechzig bin, kann das Leben doch noch nicht vorbei sein. Einer Herausforderung wollte ich mich noch stellen. Oder denkst du, ich bin zu alt dafür?«

»Du bist doch kein Fossil! Und für die Liebe gibt es kein Alter.«

»Liebe … ich weiß nicht, ob es Liebe ist. Keyl ist einfach ein netter Mensch, unkompliziert, witzig, ideenreich. Das gefällt mir. Alles Weitere wird sich zeigen, wenn wir zusammenwohnen. Jedenfalls bin ich offen und neugierig.«

Sie lud mich am Wochenende zu ihrer Abschiedsparty mit Freunden und Familie ein. »Ich freue mich, wenn du kommen kannst. Dann lernst du auch meine Tochter kennen, mit der ich regelmäßig in Verbindung bleiben werde.«

Als ich ein paar Tage später in Marthas Wohnung ankam, stand die Tür offen, und ich war nicht die Erste. Doris, auf deren Geburtstag ich Martha kennengelernt hatte, und ihr Mann Klaus waren schon da und viele andere, die ich nicht alle kannte. Von Martha keine Spur.

Doris kam mit einem Glas Wein auf mich zu. »Was hältst du von Marthas Plänen? Ziemlich verrückt, findest du nicht?«

Ich musste Martha verteidigen. »Sie hat immer neue Ideen, und es wird nie langweilig mit ihr. Wenn sie in Kanada glücklich wird, warum nicht?«

»Es ist schon ein Risiko, einfach so mit Sack und Pack nach Kanada zu gehen, ohne ihre Familie, ohne Freunde«, konterte Klaus. »Für mich wäre das nichts.«

»Ihr habt schon recht. Dennoch – mir imponiert es sehr, dass sie es wagt, etwas ganz Neues anzufangen.«

Endlich kam Martha und stellte mir ihre Tochter Vera vor. Mit ihren langen blonden Haaren und den wachen Augen, war sie ihrer Mutter wie aus dem Gesicht geschnitten. Veras Mann, groß, mit gütigen Augen und einem Vollbart, reichte mir ein Glas Wein. Ich lernte auch ihre Enkeltochter kennen, die ein Piercing in der Nase trug und deren Freund Henry in modisch zerschlissenen Jeans. Er hatte seine Gitarre dabei und spielte im Laufe des Abends für uns.

»All die Jahre, wo sind die nur hingekommen, ich hab gedacht, es wär so die ganze Zeit«, sang Henry ein Stück von Philipp Poisel, experimentierte gedankenverloren auf seiner Gitarre und spielte auch Songs aus unserer Zeit. Rolling Stones, gefolgt von den Beatles mit »Ticket to Ride« und schließlich Ray Charles mit »Who Cares«. Wir kamen richtig in Stimmung. Als die ersten Line-Dance-Melodien erklangen, hielt es uns nicht mehr auf den Sitzen, und wir tanzten zu den unterschiedlichen Rhythmen.

Martha stellte mir Frieda aus Stockholm vor, an die sie ihre Wohnung vermietet hatte. »Erst einmal für sechs Monate«, erklärte sie. »Ich weiß ja nicht, ob in Kanada alles gutgeht. Wenn nicht, komme ich zurück.«

Wir tranken Sekt und Wein, und Martha sprach von Abschied und Neuanfang.

»Du kannst mich ja mal besuchen«, schlug sie mir vor. »Wenn ich länger dort bin, mich eingerichtet habe und absehen kann, ob ich wirklich für längere Zeit bleibe, oder gar für immer.«

»Gute Idee. Das werde ich bestimmt machen. Und du kannst ja immer wieder zurückkommen.«

»Wir werden auf jeden Fall in Verbindung bleiben«, versicherte sie. »Wenn du eine Weile nichts von mir hörst, kannst du gerne meine Tochter anrufen.«

Nach dem Ende der Party lief ich gedankenverloren zur Station Bornheim Mitte. Ich saß im grellen Neonlicht und wartete auf die nächste Bahn. Menschen kamen und gingen, trafen sich auf dem Bahnsteig, andere verabschiedeten sich. Drei Tauben flogen herbei und pickten eifrig heruntergefallene Krümel auf. Ich fühlte mich elend. Wieder verschwand ein Mensch, mit dem ich mich gut verstanden hatte, aus meinem Leben. Martha hatte mich mit ihrer Lebensfreude angesteckt, hatte mich mitgerissen und unendlich viel Freude in mein Leben gebracht.

Zu Hause legte ich eine CD von Joe Cocker in meinen Player, um mich aufzumuntern. Mit »Summer in the City« und »The Simple Things« ging es mir besser.

Lange Zeit schickte Martha mir regelmäßig Nachrichten und Bilder aus ihrer neuen Heimat. Dann wurde es still. Ihre Tochter sagte mir, dass Martha mit einem Umzug beschäftigt sei, in ein größeres Haus zusammen mit ihrem Freund umziehen müsse. Einige Monate später stand fest, dass ihre Mutter in Toronto bleiben würde. Sie selbst wolle Martha bald mit ihrer Familie besuchen. Seitdem hörte ich nichts mehr von ihnen.

Fast ein ganzes Jahr verging. Als ich eines Tages vollgepackt mit Einkaufstüten vom Bauernmarkt an der Konstabler Wache kam, sah ich sie. Eine vertraute Gestalt trat aus einem der Kaufhäuser auf der Zeil. War das wirklich Martha zwischen all den vielen Leuten?

Aber ja, sie war es. Ausgerechnet hier traf ich Martha wieder, unter Tausenden von einkaufenden Menschen! Ich traute meinen Augen nicht. Sie hatte es offenbar nicht eilig und setzte sich auf einen Eisenstuhl in der Nähe des Brunnens. Immer noch trug sie ihr geliebtes Handy in einem Täschchen um den Hals, die gehäkelte Schnur war diesmal rot-weiß, die Farben Kanadas. Sie hörte dem Klarinettenspieler zu und drehte gedankenverloren an ihrem Pferdeschwanz. Eine Weile lauschte auch ich, dann setzte ich mich neben sie. Als sie sich umdrehte und mich erkannte, lachte meine alte Freundin laut auf und schlang die Arme um meinen Hals.

»Bist du wieder hier?«, fragte ich.

»Ja, seit Kurzem. Ich hatte einfach noch keine Zeit, dich anzurufen. Gut, dich zu sehen.«

»Komm, lass uns ins Café gehen, da kannst du mir erzählen, was los ist.«

Wir gingen im Holzgraben in ein kleines Bistro. Der Sog der wuseligen Einkaufsstraße war wie weggeblasen. Natürlich holte sie gleich ihr Handy hervor und zeigte mir Bilder von Kanada, von sich und Keyl.

»Wow, du siehst richtig glücklich aus«, sagte ich, und sie nickte.

»Es war auch schön. Jedenfalls ganz zu Anfang. Aber kurze Zeit später stellte sich heraus, dass er entweder ein schlechter Kaufmann ist oder mich einfach nur gelinkt hat. Ich kann es immer noch nicht verstehen.«

Ich hatte Martha noch nie so besorgt gesehen und schenkte ihr Kaffee nach.

»Ich dachte, wir könnten zusammen alt werden«, fuhr sie fort. »Obwohl ich ja eigentlich schon alt bin. Ich dachte, wir könnten uns gegenseitig helfen, wenn der Körper zerbrechlich wird. Einander beistehen bei den alltäglichen Dingen. Aber es hat nicht funktioniert.«

Martha erzählte, dass sie sich finanziell an der Tanzschule beteiligt hatte. »Das war so abgemacht, und ich war auch damit einverstanden. Aber die ganze Schule entpuppte sich als Fass ohne Boden. Kunden blieben plötzlich aus, in der Nachbarschaft etablierte sich die Konkurrenz, und ich butterte mein ganzes Erspartes in das Unternehmen. Als ich fast pleite war, habe ich mich mit meiner Tochter beraten und entschlossen, wieder nach Hause zu kommen. Von Keyl habe ich mich freundschaftlich getrennt – wie man so sagt.«

»Was hast du jetzt vor?«, fragte ich.

Sie wich meinem Blick aus. »Ich bin ziemlich abgebrannt. Gut, dass ich die Wohnung behalten habe, aber ich muss mir einen Job suchen, um über die Runden zu kommen. Deswegen habe ich dich auch noch nicht angerufen, denn Pläne kann ich nicht machen. Obwohl ich gerne wieder einmal mit dem Fahrrad unterwegs wäre – es geht nicht. Leider.«

Ihr Handy summte. »Das ist bestimmt meine Tochter. Sie macht sich Sorgen um mich.«

Während sie sprach, begann vage eine Idee in meinem Kopf Gestalt anzunehmen. »Wir sollten zusammen überlegen, was machbar ist, was dir Spaß macht, was du gut machen könntest.«

Sie nahm einen Schluck Kaffee und schob den Karottenkuchen in meine Richtung. »Ich überlege schon die ganze Zeit, mir fällt nichts ein – ich bin ja auch nicht mehr die Jüngste.«

Schließlich fragte ich sie: »Was würdest du denn gerne machen? Tanzen ist doch deine Leidenschaft. Könntest du dir vorstellen, hier in Frankfurt eine eigene Tanzschule zu leiten?«

»Das wäre wunderbar. Aber dafür fehlt mir das nötige Kleingeld. Im Moment habe ich nur Schulden. Da kann ich an die Neueröffnung einer Tanzschule nicht denken. Noch dazu im teuren Frankfurt! Unvorstellbar.«

Ich schob ihr den Kuchen wieder zurück und versprach, mir Gedanken darüber zu machen, wie ich ihr helfen könnte. Ich musste über meine noch recht unklare Idee nachdenken. Wir verabredeten uns für die kommende Woche.

Als ich zu Hause ankam, kontaktierte ich Doris. Mit ihr und ihrem Mann hatte ich zusammen in der Bank gearbeitet, und wir unterhielten uns oft über Geldanlagen und finanzielle Absicherungen. Schon am nächsten Tag trafen wir uns. Doris schlug die Hände über dem Kopf zusammen, als ich ihr von meiner Idee erzählte, mit Martha zusammen eine Tanzschule zu eröffnen.

»In deinem Alter! Bist du verrückt?«

Aber ich wollte es wagen.

Noch am gleichen Abend ging ich zu Martha und erzählte ihr von Onkel Gustav und der Erbschaft, die er mir hinterlassen hatte. Mit diesem Geld im Hintergrund könne ich mir vorstellen, mit ihr zusammen eine Tanzschule zu gründen. Mein Angebot verschlug ihr zuerst die Sprache, aber dann war sie begeistert. Ich machte ihr den Vorschlag, die kaufmännische Leitung der Schule zu übernehmen, und sie würde die Kreative sein. Wir würden einen Vertrag ausarbeiten und von einem Notar beglaubigen lassen, und wir müssten geeignete Räumlichkeiten finden.

»Wir machen das zusammen«, sagte ich fest. »Ich kümmere mich um die Finanzen, und du leitest den Tanzunterricht. Stell dir vor, eine Tanzschule für Senioren. Wie findest du das?«

»Es ist genau das, wovon ich geträumt habe. Jetzt nicht mehr am Lake Ontario, sondern in Frankfurt am Main. Das Leben ist voller Überraschungen.«

»Mit dir zusammenzuarbeiten, stelle ich mir spannend und aufregend vor«, sagte ich. »Wir sind sicher ein tolles Team.«

Martha ergriff meine Hand, und wir fingen an zu tanzen.

»Dancing in the rain, what a glorious day …«

Happy Garden

von

Jule Schwachhöfer

7

Anfang Februar, als in Frankfurt das Thermometer Minusgrade anzeigte, machte Helen sich auf den Weg nach Thailand. Ein Langstreckenflug, der sie in weniger als vierzehn Stunden in ein neues Leben bringen würde. Helen war voller Vorfreude, gleichzeitig jedoch auch unsicher, was sie in ihrer zukünftigen Heimat erwartete. Im Flieger nach Bangkok saß sie neben einer älteren deutschen Touristin, die sich für eine Weile im Süden des Landes erholen wollte. Eine angenehme Sitznachbarin. Meistens fläzten sich neben Helen Männer, die sich auf der gemeinsamen Armlehne breitmachten und nicht im Traum daran dachten, dass sie auch gern ihren Arm aufgestützt hätte. Die beiden Frauen verstanden sich auf Anhieb.

»Sie wollen wirklich für immer nach Thailand ziehen? Mit allen Konsequenzen?«, fragte ihre Nachbarin.

»Ja, ich denke schon, ich hab mir das gut überlegt, Krankenversicherung, Pension, Bank, Visum, den ganzen bürokratischen Kram hab ich gecheckt. Es wird keine Probleme geben.«

Durch Zufall war Helen bei ihren digitalen Recherchen auf eine Dokumentation über Rentner in Thailand gestoßen. Ihre Neugier war geweckt worden. Sollte sich da eine neue Alternative auftun? Sie hatte schon einige Male dieses Land bereist, auch für längere Zeit, und sich wohlgefühlt, das Klima vertragen, das Essen gemocht und die Menschen als sehr herzlich empfunden. Mit Interesse hatte sie sich den Film angeschaut.

Sollte sie in Thailand noch einmal von vorn anfangen? Das Alter genießen bei Arthrose-freundlichen Temperaturen? Sich von liebevollen Thailänderinnen, die bekanntlich die Alten achten und ehren, umsorgen lassen? Und das alles für einen finanziellen Aufwand, den sie sich auch ohne Pflegeversicherung leisten könnte. Eine Überlegung war es wert gewesen.

Auf der Internet-Seite von »Feierabend«, einem virtuellen Freizeitangebot für Senioren mit mittlerweile vielen realen regionalen Gruppen, auch in Frankfurt, fand sie Rita.

Rita war eine deutsche Rentnerin, die in ihrem Profil erzählte, dass sie nach Thailand ausgewandert und maßgeblich am Aufbau eines deutschsprachigen Seniorendorfes in Chiang Mai im Norden des Landes beteiligt sei.

Das ist genau das Richtige für mich, hatte Helen gedacht, sofort Kontakt zu Rita aufgenommen, E-Mails ausgetauscht und die Frau mit Fragen gelöchert. Was sie in Thailand erwarte, hatte sie von Rita wissen wollen.

Ein Häuschen ganz für dich allein, lautete die Antwort. Und dann zählte sie auf: Siebzig Quadratmeter barrierefreie Wohnfläche, eine riesige überdachte Terrasse, mildes Klima, ein blühender Garten, deutschsprachige Mitbewohner, ein vielseitiges Unterhaltungsprogramm. Dazu eine attraktive Infrastruktur: Märkte, Einkaufszentren, Restaurants, Konzerte, Apotheken, Ärzte, Kirchen, Tempel, Ausflüge in die Umgebung und bald ein Swimmingpool auf dem »Dorfgelände« – und die Garantie, von geschulten Krankenschwestern gepflegt zu werden und bis zum Lebensende bleiben zu können.

Auf ihrer Website hatte Rita geschrieben, sie wisse aus eigener Erfahrung, was ältere Menschen brauchen, wenn sie nach Thailand kommen. Ihr Motto: Ein Lied des brasilianischen Erzbischofs Helder Camara.

Wenn einer alleine träumt, ist es nur ein Traum.
Wenn viele gemeinsam träumen,
so ist es der Beginn einer neuen Wirklichkeit.

Helen kannte das Lied und summte es leise vor sich hin.

»Und was ist mit Ihrer Familie?«, unterbrach die Sitznachbarin Helens Summen. »Mit Ihren Enkelkindern?«

»Ich fliege dreimal im Jahr nach San Francisco, immer für mehrere Wochen.«

»Ja, das sagten Sie schon. Aber von Thailand bis an die Westküste der USA ist es erheblich weiter. Irgendwann schaffen Sie die langen Flüge nicht mehr.«

»Ich weiß, das nagt auch an mir. Eigentlich will ich nur deshalb hundert werden, um zu erleben, wie meine beiden Enkel heranwachsen. Es ist noch nichts entschieden.«

»Warum gehen Sie nicht nach Amerika? In Kalifornien ist es auch warm.«

»Aber teuer, eine Pflege würde Unsummen verschlingen, die ich nicht habe. Außerdem will ich meine Familie zu nichts verpflichten.«

»Na, Sie sind vielleicht lustig. Erst einmal wären Sie doch für Ihre Enkel da!«

In Bangkok trennten sich die Wege der beiden Frauen.

Schon lange hatte sich Helen Gedanken über ihr Alter gemacht. Was tue ich, dachte sie, wenn ich nicht mehr kann, wenn meine körperlichen und – noch schlimmer – meine geistigen Kräfte schwinden, wenn ich nicht mal mehr im Supermarkt eine Flasche Wein kaufen kann, wenn mir gar der Wein nicht mehr schmecken sollte?

Die Vorstellung, tage- oder wochenlang hilflos oder tot in ihrer Wohnung zu liegen, ehe sie überhaupt jemand vermisste, hatte sie nicht mehr losgelassen. Sie hatte sich zwar einer Genossenschaft für gemeinschaftliches Wohnen angeschlossen, weil sie die Idee faszinierend fand, mit Jung und Alt gemeinsam in einem Projekt zu leben, füreinander da zu sein und dennoch sein eigenes Reich zu haben. Aber das konnte dauern. Sie hatten bereits ein Grundstück in Frankfurt und Pläne für über dreißig Wohnungen. Doch der Bau hatte noch nicht begonnen, stand bis jetzt nur auf dem Papier. Oft fürchtete sie, den geplanten Einzug nicht mehr zu erleben.

Ein weiterer Schock für Helen war Günter Wallraffs Enthüllungsstory im Fernsehen über Altenpflegeheime. Sein Team hatte sich undercover zwei mit Bestnoten ausgezeichnete Senioreneinrichtungen angesehen – mit erschreckendem Ergebnis. Das Altenheim als Albtraum.

Will ich hilf- und machtlos einem System ausgeliefert sein, in dem das Geld mehr zählt als der Mensch?, fragte sich Helen. In dem die Pflege im Minutentakt abgerechnet wird und keine Zeit für menschliche Zuwendung bleibt?

In ihrem Kopfkino spulte sich immer derselbe Film ab: Alte Menschen, die in ihren Betten oder auf Fluren vor sich hindämmern, deren einziger Kontakt der Fernseher ist, die in aller Herrgottsfrühe ihr Frühstück einnehmen und am Spätnachmittag schon zu Abend essen müssen. Und dazu das Unterhaltungsprogramm: Bingo spielen, Schunkellieder, Schlager der Sechziger und »Hoch auf dem gelben Wagen« singen, zur Sitzgymnastik rollen und dabei vom Pflegepersonal respektlos »Oma« genannt werden.

Nein, das wollte sie nicht, das wusste sie genau. Sie musste handeln, und zwar sofort, ehe es zu spät war und sie nicht mehr selbstständig entscheiden konnte. Hätte sie Angehörige, die öfter nach ihr schauen und sich darum kümmern könnten, ob sie gut und menschlich versorgt und behandelt würde, wären ihre Ängste wahrscheinlich nicht so groß. Aber sie musste der Realität ins Auge sehen. Ihre Familie lebte über neuntausend Kilometer von ihr entfernt und würde allenfalls kommen, um nach ihrem Tod die Wohnung zu entrümpeln.

Oder ein Kreuzfahrtschiff statt Altersheim? Im »Stern« hatte Helen einen Bericht über eine Witwe gelesen, die seit sieben Jahren als umsorgte Passagierin ihren Lebensabend auf einem Luxusliner verbrachte. Prosecco zum Frühstück auf der Aida. Das musste man sich erst mal leisten können.

Nun also Thailand. Am Flughafen von Chiang Mai wartete Rita schon auf sie, stämmig, ein paar Kilo zu viel, kurzes, graues Haar, saloppe sommerliche Kleidung. Es folgte eine herzliche Umarmung und auf dem Weg zur Wohnanlage eine kurze Einkehr in einem schlichten thailändischen Restaurant.

»Du musst doch Hunger haben nach dem langen Flug. Natürlich bist du eingeladen. Athikom ist ein Feinschmecker und sucht für uns die besten Gerichte aus.«

Das war hilfreich, denn es gab nur eine thailändische Speisekarte. Athikom war der Taxifahrer, sprach hervorragend Englisch und war sozusagen der persönliche Chauffeur von Rita.

»Wenn du ein Taxi brauchst, rufst du Athikom an. Er ist ein guter Freund und sehr zuverlässig.«

In der Senioren-Anlage angekommen, konnte Helen noch nicht einmal ihren Koffer richtig auspacken, da wurde sie schon zu einer Geburtstagsfete abgeholt. Das fing gut an. Erst die Einladung zum Essen und dann gleich eine Party. Zwei Tage vor ihr war ein polnisches Ehepaar angekommen, um ebenfalls zur Probe zu wohnen. Heute feierte der Mann seinen fünfundsechzigsten Geburtstag. Mit Bier und Gin und einer irre scharfen thailändischen Nudelsuppe. Unter den gut gelaunten Gästen war Elfriede, eine wuchtige Erscheinung mit schwerem Busen und ausladenden Hüften, die seit über einem Jahr Bewohnerin der Seniorenanlage war. Ihr rheinischer Akzent war unüberhörbar.

Irgendwie kommt Elfriede mir bekannt vor, dachte Helen.

Das polnische Ehepaar erzählte, dass sie schon seit vielen Jahren in Lübeck lebten. Er war Opernsänger, gab ein paar Lieder zum Besten und erzählte skurrile Geschichten aus seiner Künstlerkarriere. Es wurde ein sehr lustiger Abend, den sie auf der Terrasse verbrachten.

Am Tag kletterte das Thermometer schnell auf dreißig Grad, nachts kühlte es angenehm ab. Besser geht's kaum, dachte Helen.

Am nächsten Tag packte sie ihren Koffer endlich aus, schlief, las, räumte auf. Im Wohnzimmer standen zwei Vasen mit künstlichen verstaubten Blumen, die sie ins Bad hoch oben auf einen Schrank verbannte. Unzählige überflüssige Kissen verstaute sie in Kommoden, entrümpelte die Küche von allem möglichen Krimskrams und hängte Fotos ihrer Enkelkinder über dem Schreibtisch auf. Jetzt sah ihr neues Zuhause ganz manierlich aus.

Am Abend zeigte ihr Rita das zukünftige Haus. »Hier wirst du demnächst wohnen«, verkündete sie stolz.

Demnächst? War das nicht ein bisschen voreilig? Nichts war entschieden. Helen hatte ausdrücklich ein Probewohnen vereinbart.

»Alle Häuser in der Anlage sehen gleich aus«, fuhr Rita fort. »Wie du siehst, sind es Doppelhäuser. In der Mitte ist jeweils ein Raum mit Türen zu beiden Wohnungen, geplant als Schwesternzimmer für eventuelle Pflegefälle.«

Das war weitsichtig gedacht und gefiel Helen. Nur passte ihr die Lage des Hauses nicht. Beim Blick auf einen düsteren Forst mit dünnstämmigen, nackten Teakbäumen rümpfte sie die Nase, sagte aber nichts.

Rita erklärte ihr, dass gegenüber ein Komplex mit vier Häusern geplant sei. Baubeginn solle im Sommer sein. Ein herrlicher Blick auf die Berge, helles, grünes Umfeld. Helen war klar: Wenn überhaupt, dann käme nur eines dieser Häuser infrage. Das Haus mit den Teakbäumen auf keinen Fall. Sie hatte es nicht eilig. Ein Jahr wollte sie mindestens noch in Frankfurt bleiben. Das Seniorendorf lief ihr nicht davon.

Schon bald stellte Helen fest, dass die Anlage, die sich vielversprechend *Happy Garden* nannte, gewissermaßen in der Pampa lag, ohne eine öffentliche Verkehrsanbindung in die etwa acht Kilometer entfernte Stadt. So viel zur versprochenen attraktiven Infrastruktur. Drei Restaurants sollten in Laufnähe sein. Vierzig Minuten durch einsames, unwegsames Gelände konnte man wohl kaum als Laufnähe bezeichnen. Lediglich ein winziges Bistro auf der anderen Straßenseite lud zum Essen ein. Abends war es geschlossen. Die Speisekarte war spärlich. Wehmütig dachte Helen an ihren Italiener am Westhafen. Zu Hause hatte sie eine Pro- und Kontra-Liste für Chiang Mai erstellt und bei Pro die thailändische Küche eingetragen und dass sie selbst nicht kochen müsse. Ein wichtiger Punkt. Kochen war nicht gerade Helens Lieblingsbeschäftigung. Dass sie sich jetzt doch öfter Gedanken machen musste, was sie essen wollte und was einzukaufen war, behagte ihr ganz und gar nicht.

Helen war also ständig auf ein Taxi angewiesen – mit lästigen Wartezeiten. So einfach, wie Rita am ersten Tag gemeint hatte, war das mit Athikom nicht. In die Stadt hinein klappte es mit ihm relativ gut. Die Rückfahrt aber war reine Glückssache. Athikom hatte meistens keine Zeit, von den anderen Taxifahrern sprach kaum einer Englisch und verstand nicht, wo Helen hinwollte, winkte ab und ließ sie stehen. Einmal kam es sogar dazu, dass sie sich für eine Nacht in einem Hotel einmieten musste.

Am chinesischen Neujahrstag sollte in Chiang Mai ein Umzug mit Löwentanz sein, den Elfriede und sie sich anschauen wollten. Nur wusste niemand, wo und wann der stattfinden sollte. Kein Mensch verstand sie oder gab ihnen in spärlichstem Englisch, aber mit lächelnder Miene, eine falsche Auskunft, so dass sie sich schließlich resigniert in ein Café zurückzogen.

Elfriede wurde redselig. »Ich erzähl dir mal was im Vertrauen. Ich hab zuerst gedacht, Rita sei meine beste Freundin, aber das ist ein großer Irrtum.« Sie verzog verächtlich die Mundwinkel. »In Wirklichkeit ist sie geldgeil und kommandiert mich nur rum Sie beobachtet jeden meiner Schritte. Sie meckert, wenn ich die Klimaanlage zu lange laufen lasse und wirft mir vor, dass ich zu oft in die Stadt fahre und zu viel Geld ausgebe. Das geht sie doch gar nichts an. Sie mischt sich in alles ein. Ich weiß nicht, wie lange ich das noch aushalte.» Dabei trommelte sie ungehalten mit ihren Fingern auf die Tischplatte.

Für Helen klang das verdächtig nach Zickenkrieg. Sie hörte sich das Gejammer kommentarlos an und war gespannt, wie sich der Streit weiterentwickeln würde. Auf Konflikte war sie nicht scharf.

Am nächsten Morgen klopfte jemand in aller Herrgottsfrühe an ihre Tür. Die Putzfrau. Hatte sie eine bestellt? Sie ignorierte das Klopfen, woraufhin Rita ihr später Vorwürfe machte. Die Putzfrau komme jeden Samstag und habe ohne Lohn wieder abziehen müssen.

Noch am gleichen Tag präsentierte Rita ihr die Abrechnung für drei Monate Probewohnen.

»Drei Monate?« Helen starrte ungläubig auf das Papier. »Ich habe nur für zwei Monate gebucht. Länger geht überhaupt nicht. Da will ich längst bei meiner Familie in Kalifornien sein.«

»Das Angebot von *Happy Garden* gilt nun mal für drei Monate, und die musst du auch bezahlen.«

Das klang so resolut und endgültig, dass jeglicher Widerspruch zwecklos schien.

Hatte Elfriede nicht gesagt, Rita sei geldgeil?

Was soll's, dachte Helen, kein Grund, einen Aufstand zu machen. Aber es wurmte sie, zumal sie ausdrücklich geschrieben hatte, dass sie nicht länger als zwei Monate bleiben könne. Warum hatte Rita sie nicht auf die Drei-Monats-Klausel aufmerksam gemacht?

In Frankfurt wohnte Helen direkt am Main, schaute gern den Schwänen, Enten und Kormoranen, ja, auch den Nilgänsen zu und den vielen Booten und Schiffen. Nahe der thailändischen Anlage floss der Ping vorbei, ein ziemlich breiter Fluss, allerdings ohne Schiffsverkehr und ohne Spazierwege am Ufer. Egal, Helen reizte der Fluss. Sie würde schon einen Weg finden, um ganz nah ans Wasser zu kommen. Wofür hatte sie denn Google Maps auf ihrem iPhone!

Es war interessant, durch bewohntes ländliches Gebiet zu stromern und zu beobachten, wie die Menschen in ihren Dörfern lebten. Womit Helen nicht gerechnet hatte, waren kläffende Hundemeuten, die sich ihr entgegenstürzten und ihr Herz in die Hose rutschen ließen. Ihre einzige Waffe war ihre Schultertasche, die sie um sich schleuderte, um die Meute abzuwehren. Sie verzichtete auf weitere Erkundungen und beschloss, nur noch kampfbereit mit Stock oder Schirm die Gegend zu durchstreifen.

Abends bekam sie regelmäßig Besuch von dem polnischen Ehepaar, das Helens Internetzugang schätzte und lautstark nutzte. Die beiden ließen sich auf einer Bank vor Helens Haus nieder und unterhielten sich stundenlang per Skype mit ihren Lieben in Deutschland und Polen. Helen war gastfreundlich, brachte ihnen sogar eine Flasche Bier und hoffte, dass dieser Besuch nicht zur nervenden Dauereinrichtung werden würde.

Doch eines Tages waren die beiden abgereist, offenbar hatte es Unstimmigkeiten gegeben, wie Elfriede, die Buschtrommel, zu berichten wusste.

»Die beiden waren richtig sauer.« Empörte Röte stieg in Elfriedes Gesicht. »Nichts von dem, was ihnen versprochen wurde, ist eingehalten worden. Kein Internet, dunkle Zimmer im Gästehaus statt einer schicken Probewohnung. Rita hat sie regelrecht über den Tisch gezogen. Kein Wunder, dass sie jetzt die Flatter gemacht haben.«

Ob an dem Gerede von Elfriede wirklich etwas dran war? Wahrscheinlich übertrieb sie maßlos. Die Mails von Rita waren so erfrischend, herzlich und einladend gewesen. Das passte einfach nicht zusammen. Helen musste sich ihre eigene Meinung bilden.

Wenig später erfuhr sie, dass ein Ehepaar, das neben Elfriede wohnte, ebenfalls Auszugspläne hatte. Diesmal bekam sie die Information von Rita selbst.

»Ich hab die beiden gewarnt. Wie kann man nur so leichtsinnig und naiv sein. Fast zwei Jahre haben sie hier gewohnt. Und jetzt ziehen sie aus, weil sie meinen, eine bessere Unterkunft gefunden zu haben. Sie vertrauen den falschen Leuten, dabei sind sie schon weit über achtzig. Die werden sich noch zurücksehnen.«

Als Helen Elfriede davon erzählte, grinste die höhnisch: „Das glaubt aber auch nur Rita. Die beiden sind heilfroh, dass sie wegziehen. Die sind es leid, wieder und wieder vertröstet zu werden.«

Mehr wolle sie nicht sagen. Sie habe dem Ehepaar versprochen, sich aus der Geschichte herauszuhalten, zumal sie selbst auch auf der Suche nach einer Alternative sei. Schon bald darauf erzählte Elfriede Helen unter dem Siegel der Verschwiegenheit, dass sie eine andere Bleibe gefunden habe.

»Ich ziehe bald aus«, sagte sie und schaute sich vorsichtig um, ob auch niemand mithören konnte. »Freunde haben mir eine Wohnung angeboten. Der *Happy Garden* ist mir auf Dauer zu teuer. Den kann ich mir bei meiner kleinen Rente einfach nicht mehr leisten. Die Nebenkosten werden immer höher. Allein die Gartenpflege soll plötzlich zwanzig Euro extra kosten. Dabei sähe hier alles wie Ackerland aus, wenn ich nicht selbst Sträucher und Blumen gepflanzt hätte. Und was Rita alles versprochen hat! Vergiss es! Vom Swimmingpool kannst du nur träumen. Es gibt nicht mal einen Plan. Und wie das werden soll, wenn jemand Pflege brauchen sollte, weiß ich auch nicht. Rita kann mir viel erzählen. Ich glaube ihr kein Wort mehr. Die Häuser haben zwar alle ein Schwesternzimmer, aber ich weiß zufällig, dass es die in den neuen Häusern nicht mehr geben wird.«

»Was? Das kann nicht sein.« Helen hielt die Luft an. »Rita hat mir eine Pflegegarantie gegeben. Das war mein wichtigstes Kriterium, um überhaupt hierherzukommen. Sie hat geschultes Pflegepersonal versprochen.«

»Du wirst schon sehen. An deiner Stelle würde ich mich nicht darauf verlassen.«

Elfriede zieht wirklich alle Register, um Rita schlecht zu machen, dachte Helen. Wer weiß, was zwischen den beiden vorgefallen ist, was ihre anfängliche Freundschaft zerstört hat. Mit mir hat das auf jeden Fall nichts zu tun.

Wie sich herausstellte, war dies für Elfriede der dritte oder vierte Wechsel innerhalb ihres Thailand-Rentnerparadieses. Jetzt schwante Helen, woher ihr Elfriede bekannt vorkam. Sie war eine der Rentnerinnen aus dem Film, den sie sich zu Hause in Frankfurt angesehen hatte. Elfriede war gerade in Chiang Mai angekommen, um mit einer anderen, ihr völlig unbekannten Rentnerin in einer Wohngemeinschaft zu leben, die aber schon nach wenigen Wochen in einem Desaster endete. O je, dachte Helen, wer in so kurzer Zeit so oft umzieht, ist sicher kein einfacher Mensch. Ich sollte ihre Worte mit Vorsicht genießen. Meinen Aufenthalt lasse ich mir auf jeden Fall nicht vermiesen.

Sie liebte es, bis in die Nacht hinein mit ihrem Laptop auf der Terrasse zu sitzen, ausführliche Berichte an ihre Familie und ihren Freundeskreis zu schreiben, ihren zweiten Krimi zu vollenden und dafür im Internet zu recherchieren. Oder um sich bei einem kühlen Bier zurückzulehnen, ein Buch zu lesen und ihre Gedanken schweifen zu lassen.

Dabei kam Helen ihre Wohngenossenschaft in Niederrad wieder in den Sinn. Das waren doch alles patente Leute, mit denen sie gerne zusammen war und auch gerne zusammen wohnen wollte. Die Frage war nur, wann. Sie sah einfach keine Fortschritte. War sie zu ungeduldig? Auf jeden Fall würde sie nach ihrer Rückkehr weiter regelmäßig an den Genossenschaftstreffen teilnehmen. Sie mochte die anschließenden Kneipenbesuche, bei denen sie sich noch besser kennenlernten und Visionen über ökologisches, nachhaltiges, soziales und bezahlbares Wohnen austauschten. Helen gab Frankfurt insgeheim eine kleine Chance, ohne jedoch ihr Thailandexperiment zu vernachlässigen – trotz der verkorksten Stimmung im *Happy Garden*. Sie wollte nicht zulassen, dass ihr Traum von einem Paradies in Thailand, vom »Beginn einer neuen Wirklichkeit«, wie eine Seifenblase zerplatzte.

In Frankfurt war es für sie ein abendliches Ritual gewesen, um zwanzig Uhr die Tagesschau zu sehen. In Thailand lief sie um zwei Uhr in der Nacht. An den Verzicht musste sie sich erst gewöhnen und sich mit Online-Nachrichten begnügen. Zum Frühstück fehlte ihr die Frankfurter Rundschau. An eine digitale Ausgabe dachte sie damals noch nicht.

Ihr Leben wurde also gründlich umgekrempelt. Aber sie musste nicht frieren, konnte die Terrasse genießen, ihren Tee trinken, die Seele baumeln lassen, in den Tag hineinleben, reichlich eingedeckt mit Büchern aus Ritas Bibliothek. Bis in die Nacht hinein saß sie draußen – mit rotierendem Ventilator an der Decke und rauchender Anti-Mückenspirale unter dem Tisch, bis es ihr zu kalt wurde – bei dreiundzwanzig Grad.

Eines Morgens schaute sie kurz nach dem Aufwachen verwundert aus dem Fenster. Es schien noch Nacht zu sein. Dabei war es schon kurz nach neun. Sonst ergoss sich um diese Zeit Sonnenlicht in ihr Schlafzimmer. Da war er also, der berühmt berüchtigte Smog. Alles im Dunst. Eine undurchsichtige Nebelwand. Helen hatte über die »burning season«, die von Februar bis April von Chiang Mai Besitz ergriff, schon in Deutschland gelesen und Rita per E-Mail gefragt, ob es wirklich so schlimm sei. Alles halb so wild, bei uns hier draußen wirst du nichts merken, hatte sie damals geschrieben.

»Halb so wild?«, ereiferte sich Elfriede. »Von wegen. Da hat sie dir einen fetten Bären aufgebunden. Die will doch nur Leute mit Kohle in die Anlage locken. Was meinst du, wie viele Paare und Singles zum Probewohnen dagewesen, aber nicht wiedergekommen sind? Glaub mir, es waren viele!«

Helen wusste nicht mehr, was sie denken und glauben sollte. Warum dieses Unbehagen? An den Häusern konnte es nicht liegen. Die waren wirklich wunderschön. Geräumig, hell, sonnig, gemütlich. Man konnte möbliert wohnen oder sich nach eigenem Geschmack einrichten. Helen hatte sich bereits in einem Handwerkerdorf umgesehen und Möbel gefunden, die ihr sehr gefielen. Sollte das alles für die Katz gewesen sein?

Auf jeden Fall war Helens Tag damit gelaufen. Sie zog sich in ihr Häuschen zurück. Kein Ausflug, kein Gang zum Markt, noch nicht einmal ein Frühstück auf der Terrasse.

Aber sie wurde reichlich entschädigt mit einem Facetime-Anruf aus Kalifornien. Alle ihre Lieben konnte sie live auf dem Monitor ihres Laptops erleben. War das schön!

»Mimuuu!«, rief Lukas, ihr kleinster Enkel, und lachte.

»Mimu, wann kommst du? I miss you! I miss you! I miss you!«

»Bald, mein Schatz, bald! I miss you, too!«

Ihre beiden Jungs würde sie bald wiedersehen. Sie hatte schon Flugtickets gebucht. Ab Frankfurt natürlich. Non-Stopp. Fast zwölf Stunden Flugzeit. Von Chiang Mai aus wären es zwanzig und mehr gewesen – mit Zwischenlandung in Hongkong.

Und als sie dann noch las, dass die Eintracht gegen Hamburg gewonnen hatte, war sie zufrieden und wischte ihre Bedenken beiseite.

Am nächsten Tag war das Wetter wieder normal, nicht ganz so sonnig wie sonst, aber halbwegs klar. Gegen Mittag machte sie sich zu Fuß zum Markt auf. Sie hatte Lust auf eisgekühlte Kokosnüsse. Es gab einen unbefestigten, holprigen Fußweg durch die Felder, der an einem Tempel vorbeiführte. Auf einer Bank davor begrüßten sie freundlich lächelnde, gelb gewandete Mönche, leider auch wieder grimmig knurrende Hunde, immer die gleiche Rasse, gelbliches Fell, spitzer Kopf, ein bisschen kleiner als ein Schäferhund.

Auf dem überdachten Markt entdeckte sie zu ihrer Freude Kartoffeln. Die gab's nur an einem einzigen Stand. Schnell kaufte sie eine Tüte voll. Hatte sie etwa schon Sehnsucht nach grüner Soße und Pellkartoffeln? Als Nächstes erstand sie einen dicken gegrillten Fisch, gefüllt mit Kräutern und Gewürzen, zart und delikat. Sie freute sich auf ein köstliches Mahl auf ihrer Terrasse. Als sie den Rückweg antreten wollte, sah sie nur noch verschwommen die Radfahrer an sich vorbeiziehen und schemenhafte Häuser. Der Smog war zurück. Unmöglich, durch die Felder zu laufen, sie würde den Weg nicht erkennen. Also wählte sie die Landstraße, hielt sich extrem am Rand, um nicht von einem waghalsigen Autofahrer über den Haufen gefahren zu werden. Das Atmen fiel ihr zusehends schwerer.

Jetzt verstand sie, warum so viele Thais nur mit Mundschutz nach draußen gingen. In Deutschland war bei vierzig Mikrogramm per Kubikmeter Schadstoffbelastung der Grenzwert erreicht, in Thailand lag der »safety level« bei einhundertzwanzig Mikrogramm, aber in der Realität waren es Werte über zweihundertvierzig. Vor allem, weil die Bauern in der Umgebung es trotz Verboten nicht lassen konnten, ihre Maisfelder abzubrennen. Nachts konnte man gegen den schwarzen Himmel die roten Flammen flackern sehen. Die berüchtigte »burning season«.

Helen wartete Tag für Tag auf gemeinsame Freizeit-aktivitäten. Die Polen waren weg, Elfriede in der Schmollecke, Rita ebenso. Das Ehepaar neben Elfriede war mit seinem Umzug beschäftigt, und andere Bewohner hatte sie noch nicht kennengelernt. Viele konnten es nicht mehr sein. So viele Häuser gab es gar nicht. Rita hatte in ihren Mails begeistert von Ausflügen berichtet, die sie schon unternommen hatten. Wo blieben die Vorschläge, die Angebote?

»Rita verspricht viel und hält nichts«, war Elfriedes vernichtendes Urteil. »*Happy Garden?* Der Name ist ein Witz. Wer ist denn hier happy?«

Die eher rhetorische Frage gab Helen zu denken. Sie war zwar nicht unglücklich, aber glücklich?

Ihr einziger Kontakt waren die beiden Kratzbürsten. So hatte sie sich das nicht vorgestellt. Sie würde Rita zur Rede stellen.

Einige Tage später bekam sie dann doch noch Besuch. Peter und seine Frau Joy brachten ihr ein paar Erdbeeren. Joy war Thailänderin, sie sprach kein Deutsch und nur ein paar Brocken Englisch. Sie war noch recht jung und Krankenpflegerin im noblen schweizerischen Demenz-Altenheim direkt in Chiang Mai. Hatte es nicht geheißen, dass das Pflegepersonal in deutschsprachigen Einrichtungen perfekt Englisch sprechen würde? Wo wollte Rita gut ausgebildete, kompetente Pflegerinnen herbekommen? Angeblich hatte sie enge Kontakte zu einer Ausbildungsstätte. Aber wenn es stimmte, dass die neuen Doppelhäuser ohne Schwesternzimmer geplant waren, konnte es mit der garantierten Pflege nicht so ernst gemeint sein. Sollte Elfriede tatsächlich recht haben mit ihren Unkenrufen?

Als Rita anklopfte, weil sie nach dem verstopften Abfluss der Dusche sehen wollte, nutzte Helen die Gelegenheit, um nach Ausflügen zu fragen.

Rita druckste herum.

»Momentan ist es ziemlich ungünstig. Hier geht alles drunter und drüber. Die beiden Alten nerven mich. Nicht genug, dass sie gegen alle Vernunft ausziehen wollen, nein, jetzt weigern sie sich auch noch, ihre Schulden zu bezahlen. Elfriede redet kein Wort mehr mit mir. Ich weiß nicht, was sie hat. Hast du eine Ahnung?«

Ganz abgesehen davon, dass Rita auf die Frage nach einem Ausflug überhaupt nicht einging, wollte sie Helen tatsächlich aushorchen. Aber da war sie an die Falsche geraten.

»Sorry, ich halte mich da raus. Das musst du schon selber klären.«

Rita rauschte verschnupft davon. Helen blieb ratlos zurück. Nichts von dem, was sie erhofft hatte, war bis jetzt eingetreten. Verdammt! Was hatte Rita ihr da vorgemacht! Langsam reichte es Helen. Wütend pfefferte sie ein paar Kissen gegen die Tür. Rita bekam davon nichts mehr mit.

Wenn sie nicht vereinsamen und versauern wollte, musste sie selbst die Initiative ergreifen.

Da sie die ständige Fahrerei mit dem Taxi leid war,

mietete sie sich für ein paar Tage in einem Hotel mitten in der Stadt ein. Es wurde von deutschen Einwanderern geführt, die auf ihrer Website warben, sich persönlich um ihre Gäste zu kümmern. Sie boten auch Ausflüge an. Die Deutschen bekam sie nie zu Gesicht. Von Ausflugsangeboten keine Spur. Ihr Zimmer war eine winzige Kammer, die Matratze knochenhart, das Waschbecken auf dem Balkon. Aber die Lage war günstig. Immerhin. Mithilfe eines Stadtplans suchte sie bei vierzig Grad im Schatten einen Tempel nach dem anderen auf und war berauscht von dem vielen Gold, der friedlichen Atmosphäre, der exotischen Architektur, den vielen unterschiedlichen Buddhafiguren. Mönche wandelten andächtig in Reih und Glied, Menschen saßen im Lotussitz auf dem Boden und beteten. In vielen Tempeln waren am Rand unzählige Opferschalen aufgereiht. Helen kaufte gegen eine Spende bei einem Mönch, der hinter einem Verkaufstisch saß und meistens vor sich hindöste, ein Blechschüsselchen voller Münzen, um sie einzeln in die Schalen zu werfen und sich dabei was zu wünschen. Man konnte natürlich um den Weltfrieden bitten, aber der fiel Helen gerade nicht ein. Der Wunsch, im Alter nicht in einem Pflegeheim zu landen, brannte ihr auf der Seele und klackte mit mindestens der Hälfte der Münzen voll Inbrunst in die Schalen. Die andere Hälfte opferte sie für ihre Familie.

Helen wiederholte ihre mehrtägigen Exkursionen in die Stadt und die Umgebung und stieß in einem anderen Hotel auf Touristen, die sich zu kleinen Gruppen zusammenfanden, interessante Touren planten und unzählige Tempel besuchten. Gemeinsam erlebten sie, wie die Gläubigen Blumen über Blumen brachten und reichlich Geld schenkten – Scheine mit dem Konterfei des Königs – niemals verknittert oder schmutzig – aus Respekt vor Bhumibol. Jede Banknote wurde akkurat in der Mitte geknickt, dann war »His Majesty« immer sehr hübsch und sehr jung anzusehen. Ohne Falten, obwohl er bald schon neunzig wurde.

Auf ihren Ausflügen wurde Helen unentwegt zum Spenden animiert, kaufte Lotusblumen, Kerzen, Räucherstäbchen, Blattgold oder schon fertig zusammengestellte ‚Fresskörbe' in Plastikfolie für die Mönche. Jeder Thai sollte einmal in seinem Leben ein paar Wochen oder gar Monate im Kloster verbracht haben, um Demut und Bescheidenheit zu lernen.

Helens Bescheidenheit hielt sich in Grenzen. Sie fand sich mit vielem ab, konnte sich an vieles gewöhnen, an den Smog, an Geckos in ihrem Schlafzimmer, an die immer stärker werdende Hitze, an die furchterregenden Hunde, an nervenraubendes Katzengeschrei in der Nacht, an schrecklich juckende Moskitostiche trotz qualmender Spirale. Nicht zu vergessen der tägliche Blick in ihre Schuhe, ob sich nicht etwa ein Skorpion eingemietet hatte. Schwerer wogen da die Lage des »Dorfes« in *the middle of nowhere,* die hausgemachten Unzulänglichkeiten und vor allem die offensichtlich leeren Versprechungen.

Mit ihrem Freundeskreis in Frankfurt war sie in ständigem Kontakt. Von Woche zu Woche schien es ihr unvorstellbarer, alle nie mehr wiedersehen zu können, nicht mehr mit ihnen zu lachen, zu klönen, zu reisen, essen zu gehen, einen Schoppen zu trinken.

Auf WhatsApp meldeten sich besorgte Stimmen.

»Was um alles in der Welt willst du mutterseelenallein bei diesen zänkischen Weibern in Thailand?«

Wie recht sie hatten. Einen neuen Freundeskreis hatte sie sich vorgestellt, mit dem sie sich austauschen und was unternehmen konnte. Wie hatte sie so blauäugig sein können! Was für eine Schnapsidee! Tränen rannen über ihr Gesicht. Sie wusste nicht, ob es Wut oder Enttäuschung war. Auf jeden Fall Heimweh nach Frankfurt.

Ihre Wohngenossenschaft in Niederrad rückte aus ihrem Hinterkopf immer mehr in ihr Bewusstsein, schlummerte nicht mehr, klopfte nachhaltig an. Vielleicht ging der Bau doch schneller voran und neue Aufgaben warteten auf sie. Gemeinschaftliches Wohnen basierte doch auf einem Miteinander und nicht Gegeneinander, wie es im *Happy Garden* der Fall war.

Es wurde von Tag zu Tag und vor allem von Nacht zu Nacht heißer. Auf der Terrasse war es bei Dunkelheit nicht mehr auszuhalten. Um die Lampen schwirrten – trotz Turbo-Ventilator – Tausende von winzigen fliegenähnlichen Viechern mit durchsichtigen Flügeln und ließen sich auf Laptop und Buch nieder. Sie stachen zwar nicht, waren aber aufdringlich. Kaum hatte man hundert erledigt, kamen schon hundert neue. Am Morgen danach war der Boden der Terrasse übersät mit transparenten Flügeln. Die Körper hatten sich in Luft aufgelöst.

Gegen die Moskitos hatte Helen mindestens drei große Mückensprayflaschen versprüht und war dennoch übersät mit Stichen, die aufquollen und hundsgemein juckten.

In Frankfurt kann ich bis in die späte Nacht hinein bei Licht auf meinem Balkon sitzen, dachte Helen. Ohne dass mich irgendwelche Insekten belästigen. Schade, dass einem der Winter in Deutschland einen Strich durch die Rechnung macht. Immer Sommer zu haben, ist eigentlich eine feine Sache, sinnierte sie weiter. Keine dicken Wintermäntel, in denen ich wie ein Michelin-Männchen aussehe, keine Schals, Mützen, Wollhandschuhe, Pelzstiefel. Nicht heizen müssen, keine glatten Straßen, keine Rutschgefahr. Vielleicht fliege ich in Zukunft nur in der dunklen, kalten Jahreszeit für ein paar Wochen nach Thailand – wie meine Sitznachbarin auf dem Hinflug. Dann aber ans Meer, nicht in den versmogten Norden.

Helen hatte sich vorgenommen, in Thailand sportlich aktiv zu sein. Radfahren stand an erster Stelle. Aber Radwege gab es nicht. Hunde hefteten sich an ihre Fersen, auf der Landstraße war es zu gefährlich. Zu Fuß war es das gleiche Problem. Blieb noch schwimmen. Der Pool in der Anlage war laut Elfriede noch nicht einmal in konkreter Planung, und andere Schwimmbäder konnte man nur mit dem Rad erreichen. Die guten Vorsätze verschwanden in der Versenkung, obwohl sie genau wusste, dass Bewegung für ein langes und gesundes Leben extrem wichtig ist. Wenn es um das Thema Sterben ging, hatte Helen oft gesagt, dass sie auf einem Tennisplatz das Zeitliche segnen wolle. Dabei spielte sie überhaupt nicht Tennis. Es war eine Metapher, Helens Metapher für einen Tod mitten aus dem Leben heraus.

Elfriedes Rente reichte nicht mehr, und sie fragte händeringend bei Bekannten in Deutschland und Thailand um Geld. Außerdem sorgte sie sich um ihren Aufenthaltsstatus in Thailand. Jedes Jahr musste aufs Neue die Aufenthaltsgenehmigung verlängert werden, egal, ob jemand reich oder arm war. Was für ein Risiko!, dachte Helen. Und wer kümmerte sich darum, wenn man allein nicht mehr klarkam und darauf angewiesen war, dass andere Leute diesen bürokratischen Aufwand übernahmen? Etwa die liebevoll pflegenden Thailänderinnen, die weder Deutsch noch Englisch sprachen und die es für den *Happy Garden* überhaupt nicht geben würde?

Da war sie wieder, Helens Angst vor der Zukunft. Diesmal vor einer Zukunft in Thailand. Sie müsste verrückt sein, wenn sie sich darauf einließe. Es kamen so viele Ungereimtheiten zusammen. Nichts war mehr sicher. Was für eine Enttäuschung. Helen war tatsächlich mit völlig falschen Vorstellungen in dieses Rentnerdomizil gereist. Es hatte alles so gut geklungen, was Rita geschrieben hatte. Rita, der sie nun nicht mehr vertraute. Sie wisse, was alte Menschen in Thailand brauchen, hatte sie auf ihrer Website getönt. Einen Dreck wusste Rita.

Helens Entschluss stand fest. Sie würde nach Deutschland zurückkehren und ganz sicher nicht wiederkommen. Sie war froh, dass die beiden Monate dem Ende zugingen. Wie gut, dass sie nicht die angeblich vorgeschriebenen drei Monate ausgemacht hatte. Aber wenigstens die restliche Zeit in Chiang Mai wollte sie noch voll ausschöpfen – mit einer Tour in die Berge.

Die kleine Reisegruppe, der sich Helen angeschlossen hatte, wurde mit atemberaubenden Ausblicken, prächtigen Parkanlagen, wunderschönen Tempeln und riesigen goldenen Buddhas belohnt. Auf der kurvenreichen und sehr steilen Rückfahrt passierte es. Der Bus geriet ins Schlingern, donnerte mehrfach gegen die Leitplanken und kam gottlob endlich zum Stehen. Es ging alles so schnell, dass der Schreck erst einsetzte, als die Gefahr schon vorüber war. Der Fahrer brüllte: »Get out! Get out!«, weil er fürchtete, der Wagen könne in Brand geraten. Da standen sie alle und schauten mit Entsetzen in den Abgrund, der sie beinahe verschlungen hätte.

Wenn das kein Zeichen war, Thailand endgültig den Rücken zu kehren!

Kurz vor Helens Abreise kam Rita auf sie zu. Da sie wusste, dass Helen Bücher und manchmal Artikel für Zeitungen schrieb, fragte sie, ob Helen nicht etwas über den *Happy Garden* schreiben könne, um ihn in Deutschland bekannt zu machen, um so vielleicht neue Interessenten zu gewinnen. »Feierabend«, das Online-Portal für Senioren, war sehr interessiert an einem Bericht. Er würde einhundertsiebzigtausend Mitglieder in über fünfzig Ländern erreichen. Also setzte sich Helen noch am gleichen Tag hin und formulierte ihre Eindrücke. *Happy in Thailand?*, fragte sie in ihrem Artikel, ließ ihren Gedanken freien Lauf und wie von Geisterhand gesteuert wurde aus dem *Happy Garden* ein *Lonely Garden*.

Rita reagierte pikiert. »Jeder hat ein Recht auf seine

eigene Meinung«, sagte sie, ohne eine Miene zu verziehen. »Komm gut nach Hause!«

Am Tag der Abfahrt ließ sich Rita nicht blicken. Kein Tschüss, keine Umarmung, noch nicht einmal ein Winken.

Das Flugzeug startete pünktlich. Helen saß am Fenster und schaute wehmütig hinunter auf die Stadt und den goldenen Tempel hoch in den Bergen, der in der Sonne blitzte, kleiner und kleiner wurde und schließlich unter einer dichten Wolkendecke verschwand. Es war ein Abschied für immer. Hatte sie zu viel erwartet? Sich selbst überschätzt? Es war eben doch ein Unterschied, ob man für ein paar Wochen in ein fremdes, exotisches Land reiste oder aber plante, den Rest seines Lebens dort zu verbringen. Die Vorstellung, all den Strapazen, Unannehmlichkeiten und Hindernissen auf Dauer ausgesetzt zu sein, war mit der Zeit unerträglich geworden. Und nie hätte sie mit so großem Heimweh gerechnet, mit der Sehnsucht nach banalen Kleinigkeiten wie der Tagesschau am Abend und dem Italiener um die Ecke.

Aber sie bereute nichts. Wäre sie das Wagnis nicht eingegangen, hätte sie den Traum von einem Paradies in der Sonne niemals begraben. In zehn Stunden würde sie wieder in Frankfurt sein.

Als Souvenir brachte Helen einen großen lachenden Dickbauch-Buddha mit, ein Glücksbringer, dessen Bauch man reiben muss für ein glückliches und gesundes Leben. Er würde mit in ihr neues Heim in Niederrad ziehen, irgendwann.

Zwei Jahre später wurde der erste Spatenstich gefeiert und kurz darauf der Grundstein gelegt. Es ging voran. Der Bau war auf über fünfzig Wohnungen angewachsen, einzigartig in Frankfurt. Ein Leuchtturmprojekt. Alt und Jung würden zusammenleben und füreinander da sein.

Das war es doch, was Helen wollte.

Westend-Kirschen

von

Oliver Baier

8

Höher, immer höher, meine Beine weit nach vorne gestreckt und bis zu den Wolken, zum Himmel, zum Mond und noch weiter. Frei sein, dieses Mal schaffe ich es bis zur Sonne. Meine Haare sind zu Zöpfen geflochten, das Kleid von der Mama gebügelt. Vater hat mir eine Schaukel in den Kirschbaum gehängt. Nur für mich alleine. Die Jungs schaukeln nicht. Der Ludwig nicht und der Wilhelm auch nicht. Sie klettern lieber auf den Kirschbaum und sind verwegene Ritter einer gespenstischen Burg. Aber ich, die Karoline, bekomme nicht genug vom Schaukeln. Nur im Winter, wenn es zu kalt ist, schaue ich aus meinem Fenster, das mit Eisblumen verziert ist, auf die Schaukel, die oft mit weißem glitzerndem Puderschnee bedeckt ist. Daneben mein großer Schneemann mit seiner Karottennase und den Kastanienaugen. Mit dem Besen winkt er mir zu.

Der Kirschbaum hat im Frühling die schönsten rosafarbenen Blüten, die man sich vorstellen kann. Viel schöner als alle Blüten im großen Palmengarten um die Ecke. Im Sommer hat er die dicksten und süßesten Kirschen. Meine Mama kocht davon unzählige Gläser Kirschmarmelade oder macht sie ein für den Winter. Ich esse sie am liebsten direkt im Baum. Dort schaue ich bis zum Palmengarten und zum Grüneburgpark. Zumindest erzähle ich das meinen Freundinnen in der Schule. Wenn dann Marianne, Johanna und Camilla mit mir im Kirschbaum sitzen, sich anstrengen, ihre Hälse recken und nichts sehen können, stecke ich ihnen lachend Kirschen in den Mund oder über die Ohren – wundervolle Kirschohrringe – und sage: »Beim nächsten Mal seht ihr den Palmengarten bestimmt.«

Dieser herrliche Sommer 1937 schmeckt nach Kirschen, Eis und Zitronenlimonade, die wir uns direkt unten am Kiosk holen. Der Sommer ist sonnig, warm und hell, obwohl schon viele Menschen, außer uns Kindern, die drohende Dunkelheit am Firmament erkennen, von dem später die vielen Bomben fliegen werden. Die Bomben, vor denen wir immer wieder in die Keller fliehen müssen und uns in den Armen halten, wenn wir es alle rechtzeitig geschafft haben. Noch konnte keiner wissen, dass wir das große Glück haben würden zu überleben und unser Haus in der Liebigstraße nach dem 22.März 1944 stehenblieb.

Wenn ich heute meine Fenster im ersten Stock des Hauses öffne, sehe ich immer noch den alten Kirschbaum. Die hölzerne Schaukel habe ich lange abgehängt. Ich erfreue mich an den Blüten im Frühling und an den Kirschen im Sommer. In meinem Elternhaus im Westend ist es still geworden. Schon vor Jahren sind die Kinder ausgezogen, verbringen die Zeit mit ihren Familien und leben ihr eigenes Leben. Das knarrende Parkett gibt nur noch meine Schritte wieder. Die Standuhr im Wohnzimmer tickt und schlägt mir die Stunde. Sie steht schon immer an ihrem Platz. Ich bin als Einzige geblieben. In diesem riesigen Haus gibt es nur noch Vergangenheit, höre ich Kinderlachen längst vergessener Tage, klebe Pflaster auf unsichtbare blutige Knie und trockne Tränen. Ich erinnere mich an Feste mit Kirschmichel, Apfelwein und meinen vielen Bethmännchen, die ich immer noch zur Weihnachtszeit backe. Mein Gustav ist letztes Jahr verstorben. Ganz ruhig. Als er friedlich eingeschlafen war, habe ich ihm das Fenster geöffnet und seine Seele nach draußen gelassen. Er sagte oft zu mir in seiner ruhigen Stimme, die ich so sehr vermisse: »Karoline, du hast so viel Kraft. Die ist zu viel für dich alleine, gib sie noch etwas weiter.«

Und was soll ich sagen? Er hatte recht gehabt! Mittlerweile arbeite ich mit meinen siebenundachtzig Jahren bei der Frankfurter Tafel in der Münchener Straße im Bahnhofsviertel. Angefangen hat es mit einem Korb Kirschen, den ich vorbeigebracht habe. Zuerst dachte ich noch, vielleicht nehmen sie dich gar nicht in deinem Alter, aber ich hatte Glück. Dreimal in der Woche helfe ich nun bei der Verteilung der Lebensmittel und begegne vielen Menschen, die nicht immer vom Glück verfolgt sind. Eines Tages hatte ich eine schwere Kiste zu schleppen. Da begegnete mir Omar.

»Kann ich Sie helfen?«, sagte er und nahm mir die schwere Kiste gleich ab.

»Sehr lieb von dir, danke.«

Ich will mir nur ungern helfen lassen, aber Omar war einfach zu charmant.

»Mein Name Omar Khalili. Ich bin heute zum ersten Mal hier. Hat mir jemand erzählt, ich könnte hier mithelfen.«

So kamen wir ins Gespräch. Dieser junge Mann begeisterte mich auf Anhieb. Genauso wie ich war er bereit anzupacken, um nicht nur herumzusitzen und zu warten.

»Immer, wenn Sie hören ein Fehler, dann Sie sagen mir, bitte«.

Ich musste lächeln.

»Einen Fehler. Natürlich sehr gerne, Omar. Mein Name ist Frau Haase.«

Wer hätte das für möglich gehalten! Ich, die ehemalige Lehrerin Karoline Haase, treffe auf einen potentiellen, motivierten und neugierigen Schüler. Sofort war ich wieder in meinem Element.

»Ich habe zuhause einen Kirschbaum. Die Äste sind voll von süßen, saftigen und reifen Kirschen. Möchtest du mir helfen? Bei einer Tasse Tee oder einem Glas selbstgemachter Zitronenlimonade? Es wäre mir eine große Freude.«

»Das wäre toll, Frau Haase! Wann ich kommen?« Er ergriff dankbar meine Hand. Dann notierte er sich meine Adresse.

»Morgen um fünfzehn Uhr?«, schlug ich vor.

Mit seinen siebzehn Jahren war Omar Khalili alleine in Frankfurt gestrandet und lebte in einer Jugendgruppe in der Gutleutstraße im Bahnhofsviertel.

Am folgenden Tag klingelte es um fünfzehn Uhr an der Haustür. Nach einer freundlichen Begrüßung und dem Gang durch den großen Garten saßen wir bei einer Tasse Tee auf der Terrasse. Omar lobte den noch dampfenden Kirschmichel. Seine großen braunen Augen leuchteten, als er meinen Flügel im Wohnzimmer entdeckte.

»Darf ich spielen? Es ist so lange her. Bevor wir aufgebrochen aus Afghanistan, weg von Kabul.«

»Es wäre mir eine Freude, dich spielen zu hören.«

Seine Augen bekamen einen abwesenden Glanz. Dann nahm Omar auf dem Klavierhocker Platz, schloss die Augen, und seine Hände schwebten über die Tasten – wunderschön und voller Sehnsucht.

Nachdem er fertig war, sah mich Omar mit feuchten Augen an. »Ich vergesse ihre Gesichter. Da ist nur noch Gefühl. Alles verblasst. Meine vier Geschwister. Sie waren alle noch so klein.«

Ich setzte mich neben ihn ans Klavier, begann mit ihm zu spielen. In den Pausen erzählte er mir mit einem Lächeln, dass seine Mutter als Musiklehrerin gearbeitet und sein Vater eine eigene Apotheke geführt habe. Für Familie Khalili war es gefährlich geworden – regimefeindlich nannte man die kritischen Äußerungen seiner Eltern über Demokratie und Gleichberechtigung. Der Vater brachte ein Vermögen für die gemeinsame Flucht auf und verkaufte all ihr Hab und Gut, um mit ihm und den Geschwistern wegzugehen. Aus einem Land, in dem es keine Freiheit mehr gab. Omar, die vier Geschwister und die Eltern schafften es mit Zügen, Bussen und Schleppern bis in die Türkei.

»An Hafen von Izmir gekommen, wollten ich mich etwas umsehen. So viele Menschen unterwegs, die warten auf Überfahrt. Mein Vater rufen: Omar, bleib hier. So viele Leute. Er streckt Hand nach mir aus, doch ich sie nicht mehr fassen und werde mitgezogen von Menge

– plötzlich alle weg. Das waren letzte Worte, die ich von Familie bis heute gehört.«

Mir wurde sein Verlust bewusst. Ich erinnerte mich an die vielen Menschen, die in den Bombennächten hilfesuchend, schreiend und wehklagend durch Frankfurt geirrt waren und nach ihren Vermissten, ihren Familien gesucht hatten. Auch da hatte ich Glück gehabt.

»Ich war damals fast genauso alt wie du«, sagte ich. »Wir sind leider nicht geflohen, weg von einem Regime, das Menschen gnadenlos getötet hat. Wir waren die, denen es gut ging. Wir haben etwas gespürt, aber nicht geahnt, wohin das alles führen würde.«

»Ihr hattet Krieg, jetzt alles wieder gut in Deutschland. Wir Flüchtlinge dürfen nach Deutschland kommen und sind dankbar. Afghanistan schafft das vielleicht auch wieder.«

Was für ein kluger einsamer Junge da vor mir saß! Er war von seiner Familie getrennt worden und lebte in einer Welt, in der nicht jeder Fremde willkommen war. Omar lernte eine neue Sprache, versuchte eine neue Kultur zu verstehen. Dabei blickte er zuversichtlich in eine unbestimmte Zukunft.

»Als wir an Hafen in der Türkei ankommen, mit so vielen Menschen – mehr als tausend –, ich plötzlich von starken Händen in Boot geschiebt, ein großes Schlauchboot. Ich bin erschöpft von der langen Reise, bin sofort eingeschlafen, als wir aufgebrochen sind. Auf einmal ein Ton laut und hell. Ein großes Schiff ist gekommen und ich dachte: jetzt alles gut. Ich habe nach meinen Eltern gerufen, irgendwo müssen sie doch sein! Doch jeder zuckt nur mit den Schultern. Die Menschen auf dem Schiff hören mir nicht zu. Bringen uns zurück in Türkei und ich dort in Gefängnis.«

»Aber du warst doch noch ein Kind. Wie hast du es hierhergeschafft?« Ich war fassungslos.

»Überall, wo ich aufgegriffen, meinen sie, ich illegal. In Griechenland und Frankreich ich auch in Haft. Ich denke mir: Aber wie kann ich sein illegal? Ich bin doch nur ein Mensch und wir haben große Angst in Afghanistan. Wir können nicht mehr verstecken.«

»Kein Mensch ist illegal! Da hast du absolut recht. Es gibt überall und zu jeder Zeit Menschen, die vom Leid und der Angst anderer profitieren. Aber es gibt auch immer Menschen, die sich dagegen wehren, deren Ziel es ist, in Frieden zu leben und denen Gleichheit und Gerechtigkeit mehr bedeuten als leere Worte.«

Omar seufzte: »Meine Flucht war lang. Über steinige Berge laufe ich mit ein paar anderen Jungs. Nur ein paar dünne Kleider gepackt und oft gestürzt. Ich immer gefroren, bin hungrig. Ich weiß nicht, wie ich geschafft habe, aber ich wollen leben, für meine Familie, sie suchen und finden. Als ich in Frankfurt an Bahnhof angekommen und Menschen zu mir willkommen gesagt, hatte Flucht ein Ende. Nun suche ich.«

»Was meinst du damit, Omar?«

Der junge Afghane sah mich verwirrt und sehnsüchtig an. »Die Suche nach Familie, nach Zukunft. Ich trete auf Stelle und möchte etwas erreichen im Leben. Will zeigen, wie dankbar ich für Hilfe bin. Deshalb ich habe bei Tafel angefangen.«

Ich überlegte, wie ich diesen hochmotivierten jungen Mann direkt unterstützen könnte. Dabei erkannte ich, dass ich in meinem hohen Alter auf einer ähnlichen Suche war. Ich wohnte in dem großen Haus in der Liebigstraße. Eichenholzparkett, Flügel, renovierte Bäder und viel zu viel Platz für mich alleine. Meine Familie war längst ausgezogen, Gustav verstorben. Alles war ordentlich, aufgeräumt und geregelt, aber auf was wartete ich? Auf den Tod? Dafür war ich zu neugierig.

Der wehmütige Blick Omars und die Dankbarkeit der anderen Menschen der Tafel rührten mich, ließen mich meine Lebendigkeit spüren – da war noch ganz viel Energie in der alten Dame.

»Ich habe eine Idee! Wir könnten uns an das Rote Kreuz wenden. Vielleicht finden wir deine vermisste Familie.«

»Sie mir dabei helfen, Frau Haase?«

»Sehr gerne. Ich habe genug Zeit und erinnere mich, als in Frankfurt die Uhrzeiger der Katharinenkirche am 22. März 1944 um 21.43 Uhr für zehn Jahre stehen geblieben sind. Das war ein Mahnmal, nicht nur für mich. Deine Zeit, Omar, ist jetzt, nicht erst in ein paar Jahren.«

Von diesem Tag an sahen wir uns regelmäßig, entweder bei der Tafel oder bei mir. Omar stellte sich in meine Küche und kochte, spielte Klavier oder half mir im Garten.

Es dauerte eine Zeitlang, bis die Anfrage beim Roten Kreuz zum Erfolg führte. Als eines Tages mein Telefon klingelte, konnte ich es kaum fassen. Omars Familie war gefunden worden. Sie war in Italien noch immer in einem der Flüchtlingslager untergebracht. Ihr Boot war gekentert, und das Schiff einer Hilfsorganisation hatte sie im letzten Moment gerettet.

Ich musste nicht lange überlegen, wohin Familie Khalili reisen würde.

Seitdem Omar, seine Eltern und seine Geschwister bei mir eingezogen sind, höre ich wieder Kinderlachen, verbinde blutige Knie und trockne Tränen. Oft sind es auch Tränen der Freude. Auf beiden Seiten. Mein schönstes Geschenk ist, wenn ich die kleinen Geschwister von Omar auf der Schaukel im Kirschbaum sehe, wie sie jauchzend ihre Füße bis hoch in den Himmel strecken, höher und immer höher, fast bis zur Sonne.

über den Wolken

von

Astrid Hennies

9

Das Abenteuer begann an dem Abend, als sie gemeinsam mit Freunden gut gegessen hatten. Nora hatte ein bemerkenswertes Menü zusammengestellt. Die Freunde lehnten sich satt und zufrieden zurück, dankten Nora für das vorzügliche Mahl und beglückwünschten Ralf zum wiederholten Male zu dieser wunderbaren Frau und Köchin.

Ralf lächelte und dachte an die Zweifel, die er damals gehabt hatte. Skrupel, ob er sich mit dieser Liebe nicht lächerlich machte. Schließlich war da der Altersunterschied von zweiundzwanzig Jahren – sie eine junge Frau von fünfundzwanzig, er ein Mann von fast fünfzig Jahren.

Nun ja, damals galt er als Pilot und Flugkapitän einer internationalen Fluglinie als durchaus attraktiver Mann – schlank, großgewachsen, und wenn er in seiner kleidsamen Uniform durch das riesige Flughafengebäude ging, folgten ihm viele bewundernde Blicke, besonders die der jungen Stewardessen. Was ihm durchaus schmeichelte, aber er hatte sich vorgenommen, nicht dieses Klischee zu bedienen – *Flugkapitän hat Liebschaft mit Stewardess*. Außerdem war er damals gerade unglücklich geschieden, fühlte sich sowohl seelisch als auch finanziell unerhört verletzt und hatte beschlossen, nie wieder jemanden so eng an sich heranzulassen. Und dann war ihm diese hübsche junge Frau im wahrsten Sinne des Wortes in den Schoß, beziehungsweise vor die Füße gefallen.

Genau vor ihm war sie mit schnellen Schritten zu einem Check-in-Schalter im Frankfurter Flughafen geeilt, als sie abrupt stoppen musste, weil ein arroganter Kerl rücksichtslos ihren Weg kreuzte. Ihr Rollkoffer blockierte, sie rutschte erschrocken aus und fiel rückwärts gegen ihn. Was konnte er da anderes tun, als sie aufzufangen? So waren sie sich zum ersten Mal begegnet. Mittlerweile waren Nora und er seit über zwanzig Jahren verheiratet.

Sie hatten das Haus am Dornbusch gekauft und eine gemeinsame Zukunft begonnen. Das Haus und dieser nicht klar umrissene Stadtteil zwischen Eschersheim, Eckenheim, Ginnheim und Nordend wurde zu ihrem Lebensmittelpunkt, zu dem sie von ihren Dienstreisen, Flügen und Aufgaben immer wieder zurückkehrten. Das Haus mit dem großen Garten stand im sogenannten *Dichterviertel,* in einer Straße, die den Namen eines österreichischen Schriftstellers trug. Die kleine Villa hatte ihnen sofort gefallen, obwohl sie sehr nah an der Eschersheimer Landstraße lag, dieser lauten und abgaserfüllten Verkehrstangente, deren U-Bahngleise sie wohl für immer schmerzhaft teilten und durch die sich die Autoschlangen im Stop-and-Go-Modus quälten.

Nachdem sie das Haus bezogen hatten, suchte er vergeblich nach den Dornenbüschen, die dem Viertel angeblich den Namen gegeben hatten – einen Namen, der von auffälligen Schildern an den Laternenmasten verkündet wurde, als wolle dieser inoffizielle Stadtteil jedem seine Identität, seine Existenz signalisieren. Ralf fand keine Dornenbüsche, nur Rosenbeete auf dem damals noch etwas verwilderten Grundstück und in den sehr gepflegten Gärten der Umgebung. Aber Bäume gab es, viele Bäume, die im Frühjahr und Sommer das idyllische Villenviertel mit üppigem Grün ausstatteten.

Hier, auf ihrer Seite des Dichterviertels, wohnten Banker, Geschäftsleute, Ärzte, Rechtsanwälte, eben gut betuchtes Frankfurter Geld- und Bildungsbürgertum. Manche schon in der zweiten oder sogar dritten Generation, denn die Häuser wurden vererbt, auf dem freien Immobilienmarkt waren sie für Normalverdiener kaum zu bezahlen. Auf der anderen Seite der Eschersheimer Landstraße war das Wohnviertel bunter durchmischt – in den schlichten Nachkriegshäusern wohnten junge Familien, Rentner, Kreative, Immigranten, neuerdings auch Studenten, die die Wohnnähe zum »Campus Westend« der Goethe-Universität suchten. Hier lag der urbane Teil des Viertels – kleine Geschäfte, Pizzerien, Copyshops, Reinigungen und der kleine Obst- und Gemüseladen, dessen türkischer Besitzer fast alle seine Kunden mit Namen kannte.

Ralf fühlte sich wohl hier und genoss es, im Sommer durch den Sinai-Park zu laufen, benannt nach dem Gärtnerei-Betrieb von Friedrich Sinai, der Ende des 19. Jahrhunderts eine riesige Grünfläche für seine Blumenzüchtung nutzte. In den 1970er Jahren wurde der Betrieb eingestellt und ein Teil der Fläche mit Wohnanlagen bebaut. Der größere Teil blieb als Parkanlage erhalten. Hier saß Ralf oft und beobachtete die Spaziergänger und Jogger.

Während Nora weiter ihrer Karriere bei einer großen

deutschen Bank nachging, war er gezwungen gewesen, mit fünfundfünfzig Jahren als Flugkapitän aufzuhören – die vorgeschriebene Altersgrenze für Piloten, die die großen Boeings steuerten. Zehn Jahre hatte er noch in der Verwaltung seiner Fluggesellschaft gearbeitet, aber nun saß er seit fünf Jahren mehr oder weniger frustriert im Park oder zu Hause herum. Oft wartete er, bis Nora spät abends erschöpft von Konferenzen zurückkehrte, ansonsten war er mit seinem Nichtstun beschäftigt. Na ja, nicht ganz, er kümmerte sich um Haus und Garten. Aber Glühbirnen austauschen und Gänseblümchen ausrupfen, füllte ihn wahrhaftig nicht aus. Als sie ihn neulich so mütterlich mitleidig in die Arme genommen und »mein geliebtes Altchen« genannt hatte, hatte er beschlossen, dass sich etwas ändern musste. Schließlich gehörte er noch nicht zum alten Eisen und hatte Talent und die Kraft, etwas auf die Beine zu stellen – etwas Besonderes, etwas Handfestes, das ihn herausforderte und bei ihr Staunen und Bewunderung hervorrufen würde. Das täte auch ihrer Ehe gut. Zwischen ihnen hatte sich zunehmend das Schweigen ausgebreitet. Was hätten sie sich auch Neues erzählen sollen? Er kannte ihre Probleme im Büro, und sie geriet nicht gerade ins Schwärmen, wenn er den Garten gesprengt und den tropfenden Wasserhahn repariert hatte. In letzter Zeit war sie sogar ungewöhnlich still geworden, zog sich zurück, war müde, schob berufliche Überlastung vor und ging früh ins Bett. Ob sie einen Liebhaber hatte? Sie war noch immer eine attraktive Frau im besten Alter. Und er selbst? Ein Highlight im Bett war er schon lange nicht mehr. Es wurde

Zeit, sie zu überraschen und ihr zu zeigen, dass er noch kein altersschwacher Tattergreis war.

Ralf kehrte aus seinen Gedanken zurück, als der Tisch bereits abgeräumt war und sie mit ihren Freunden satt und entspannt bei einem Glas Whisky zusammensaßen. Dann rückte er mit seiner Idee heraus. Die Reaktionen waren heftig.

»Ralf, du spinnst, doch nicht in deinem Alter«, sagten die Männer, und die Frauen riefen: »Wie soll denn das gehen? Du hast doch keine Ahnung, wie ein Flugzeug gebaut wird!«

Nora schaute ihn mit großen Augen an. »Wie ich dich kenne, willst du dann natürlich auch damit fliegen. Marke Eigenbau, viel zu gefährlich! Ralf, du hast doch schon Schwierigkeiten beim Autofahren!«

Damit war es entschieden. Der Flugzeugbau, anfangs nur ein unbestimmter Plan, wurde für Ralf zur Gewissheit. Und übrigens: Was nahm sich Nora heraus, er war immer ein guter Autofahrer gewesen? Und seinen Flugschein hatte er auch stets erneuert. Denen würde er es zeigen!

In dieser Nacht schwieg er, während Nora auf ihn einredete, diese absurde Idee aufzugeben. Als sie endlich eingeschlafen war, stand er auf und machte sich Notizen: was alles notwendig war für den Flugzeugbau, woher er sich die Konstruktionspläne besorgen könnte. Schließlich war er kein Techniker und wusste nicht, welche Geräte und Materialien er kaufen musste und vor allem, wo er das Flugzeug bauen konnte.

Als er am nächsten Morgen seine Notizen durchsah, kamen ihm doch Bedenken. Wie sollte er das alleine schaffen? Eine Fata Morgana, erwachsen aus Altersfrust und Trotz, jenseits aller Vernunft. Aber dann sah er wieder ihr nachsichtiges Lächeln vor sich, mit dem sie ihn neuerdings betrachtete.

Nein, ich werde das durchziehen, dachte er. Dieses Projekt soll kein Könnte-doch-sein-Märchen oder eine Wäre-doch-möglich-Geschichte bleiben. Helm auf, tritt vor und spring, so habe ich es immer gehalten. Du schaffst das, wenn du es wirklich willst. Stell dich der Herausforderung! Am Ende wirst du gewinnen.

Sein Leben lang hatte er Flugzeuge gesteuert – kleine und große Maschinen, Flieger in jeder Form, von einmotorigen bis hin zum Düsenjet, Senkrechtstarter, sogar Helikopter hatte er geflogen. Anfangs, als ganz junger Mann und Buschpilot in Afrika, auch eine altersschwache JU 52, die er mit seinem Maschinisten ständig repariert und zusammengeschweißt hatte. Sie waren damals zu zweit gewesen. Krause, der alte Praktiker, der jede Schraube an der schwerfälligen Junkers kannte und er, der noch unerfahrene, aber waghalsige Pilot, bei dem Fliegen fast ein körperliches Lustgefühl weckte. Er dachte mit Wehmut an diese Zeit zurück. In den hochtechnisierten Jumbo-Jets, in denen er als Flugkapitän eigentlich nur noch die Armaturen überwachen musste, hatte er dieses Gefühl völlig verloren. Keine Herausforderung, kein Adrenalinstoß mehr. Kein *Über den Wolken wird die Freiheit wohl grenzenlos sein* – nur noch Routine.

Er stellte fest, dass dieses Vorhaben nicht nur ein

hirnrissiges Planspiel für ihn war, sondern die Hoffnung, diese jungen, im wahrsten Sinne des Wortes himmelstürmenden Emotionen wieder in sich aufleben zu lassen. Aber natürlich musste er rational und vernünftig bleiben, wenn er das Projekt verwirklichen wollte. Vielleicht könnte er Thomas Riemek, der als Flugzeug-Ingenieur ebenfalls bei der Lufthansa gearbeitet hatte, für sein Projekt gewinnen. Ein erstklassiger Ingenieur mit hervorragenden Fachkenntnissen in Flugzeugbau und -wartung. Riemek musste ungefähr im gleichen Alter sein, und wenn er sich im Ruhestand genauso langweilte wie er, wäre er bestimmt interessiert. Ruhestand dachte er, was für ein sprechender Ausdruck! In Ruhe stehend, wie ein Monument, ein Gedenkstein für gelebtes Leben, unbeweglich, wie betoniert – nein, das wollte er nicht mehr, damit musste endlich Schluss sein!

Sogleich entwickelte er eine geradezu hektische Aktivität. Telefonierte mit Riemek. »Wie geht's? Hab mir gedacht, wir könnten uns mal wieder treffen, über alte Zeiten quatschen.«

Wie erwartet, musste er Riemek nicht lange überreden. Der war ebenfalls im Ruhestand, Witwer und genauso frustriert über die angegrauten Tage seines Rentnerdaseins wie Ralf selbst.

»Anfangs bin ich verreist«, erzählte Riemek. »Aber entweder war ich allein zwischen all den Paaren oder ein Objekt für heiratswütige alte Weiber, die auf der Suche nach'm Mann waren – frustrierend!«

Er war Feuer und Flamme für die Idee, gemeinsam ein Flugzeug zu bauen, mit dem sie fliegen konnten, wann und wohin sie wollten. Bestimmt hätten sie das Geld zusammenbekommen, um sich ein gebrauchtes zu kaufen – aber darum ging es nicht. Selber etwas zu schaffen, etwas entstehen zu sehen, allein durch ihre Sachkenntnisse und ihrer eigenen Hände Arbeit. Das war das Ziel.

Ralf hatte dann im Internet einen illustrierten Katalog bestellt, der versprach »Bauen Sie Ihr eigenes Flugzeug« und in dem Pläne und eine breite Palette von Bauteilen für Hobbybastler offeriert wurden. Dann gab es natürlich noch das Raumproblem. Sie brauchten eine geräumige Werkstatt, schließlich konnte er das Flugzeug nicht im Garten seines Hauses bauen. Da würden seine ordentlichen Nachbarn schnell protestieren. Die gaben sich zwar sehr liberal, aber bestimmt würden sie etwas gegen lautes Hämmern und Sägen haben.

Sie mussten eine Halle finden, möglichst ebenerdig und nicht zu teuer in der Miete, mit einem großen freien Vorplatz, dazu Handwerkszeug – ein Arsenal von Hobeln, Feilen, Drehbank, Segeltuch, Metallverstrebungen, Hochleistungsklebstoff und Holz, viel Holz, besonderes Holz und und … Ihm schwindelte, doch er schob alle Bedenken zur Seite. Schließlich wollte er ja keinen Düsenjet bauen, sondern ein flugfähiges Leichtflugzeug, einen Zweisitzer mit einem hölzernen Propeller und einem leistungsstarken, zuverlässigen Motor.

Nora wollte er erst einweihen, wenn alle Vorbereitungen abgeschlossen waren. Wahrscheinlich würde sie sowieso schnell dahinterkommen. Aber er würde sich sein Projekt nicht ausreden lassen.

Jeden Tag traf sich Ralf mit Riemek, sie wälzten Kataloge, lasen Flugmagazine, suchten im Internet nach Bausätzen, in Inseraten nach einer günstigen Werkhalle, besuchten Baumärkte, Holzhandlungen und ließen sich von Motorherstellern Angebote schicken. Bald hatte sich nicht nur ihr Projekt intensiviert, auch ihre Freundschaft war gewachsen. Aus dem ehemaligen Kollegen Riemek war der enge Freund Thomas geworden. Und durch ihn fanden sie letztlich auch eine Lösung für das Raumproblem. Eine der *heiratswütigen Weiber* hatte Thomas von einem aufgelassenen Gewerbegebiet erzählt, das der Stadt gehörte. Eine alte Schmirgelfabrik im Ostend, deren ehemalige Fabrikhalle jetzt von einer privaten Theatergruppe bespielt wurde.

Sie fuhren zu dem Gelände und waren beeindruckt, sowohl von der Kreativität der Truppe als auch von der Größe der Anlage. Alles multikulturell, etwas freakig, aber ohne bedrohliches Drogenmilieu. Die gut erhaltene Industrie-Anlage befand sich in der Nähe des Frankfurter Zoos, die Mauern der Werkshallen leicht bröckelnd, aber intakt, der Anstrich abblätternd. Eine Ansammlung von langsam vor sich hin verrottenden alten Gebäuden, die der gefräßige Immobilienmarkt anscheinend noch nicht entdeckt hatte. Thomas und er schauten sich in den vielen ebenerdigen Werkräumen um, während ihnen der Theaterleiter mit großer Begeisterung von der Industriegeschichte der Anlage erzählte: Anfang des 20. Jahrhunderts war die Fabrik von einem einfallsreichen und risikofreudigen Kaufmann erbaut worden. Fast achtzig Jahre lang wurden hier Schleifmittel für die Industrie hergestellt, deren Grundbestandteil Sand von der griechischen Insel Naxos stammte.

Als die Familie die Produktion 1988 aufgab, drohte die Anlage zu verfallen, wurde dann von einem Privatmann gekauft, der sie an die Stadt vermietete. Die Haupthalle, in der die alternative Theatergruppe probte und auftrat, stand mittlerweile unter Denkmalschutz. Gerade hatte die Stadt die gesamte Anlage für zwanzig Millionen Euro zurückgekauft, um den Baugrund für neue Wohnungen und Büros zu verwenden.

»Wenn Sie etwas anmieten wollen, müssen Sie sich beeilen«, erklärte der Theatermann. »Hier entsteht bald eine riesige Baustelle.« Er runzelte skeptisch die Stirn. »Stellen Sie sich das nicht so einfach vor, ich selbst habe Jahre gebraucht, um einen festen Mietvertrag für die Spielstätte zu bekommen.«

Der Mann sollte recht behalten. Ralf führte lange und vor allem mühsame Gespräche mit Beamten und Behörden, hörte Einwände und erhielt Ablehnungen – aber schließlich hatten sie die Zusage für einen befristeten Nutzungsvertrag.

Dann lasen sie in der FAZ einen Artikel, der ihnen den letzten Impuls gab. Ein siebzigjähriger Freiburger hatte mit eigenen Händen eine *MC-30 Luciole* gebaut. Bei einem ersten Anruf, dem noch weitere folgen sollten, erhielten sie viele praktische Tipps, aber auch Warnungen – er habe fünf Jahre an der Maschine gebaut, berichtete der Flugzeugbauer, habe eine Unmenge von Auflagen für Eigenbau-Flugzeuge erfüllen müssen.

»Stellt euch das bloß nicht so einfach vor, ihr müsst

technisch und handwerklich versiert sein, müsst zumindest Grundkenntnisse in Aerodynamik, Statik, Werkstoffkunde haben.«

Aber dann berichtete er begeistert von *seiner* Maschine, schickte Fotos – ein schnittiger Tiefdecker, mit dem er einhundertsechzig Stundenkilometer schnell fliegen konnte, Reichweite des 29-Liter-Tanks: fünfhundert Kilometer. Zum Schluss gab er ihnen noch die Adresse des Franzosen, der die Konstruktionspläne entwickelt hatte.

Fünf Jahre, überlegte Ralf. So lange würden sie nicht brauchen, sie waren ja schließlich zu zweit und konnten jeden Tag daran arbeiten.

Schon die Zeit der Vorbereitungen gab ihnen so viel Aufwind, dass sie vor Unternehmungsgeist und Tatkraft geradezu aufblühten. Sie hatten sich gegen einen fertigen Bausatz entschieden, für einen Zweisitzer aus Holz mit Metallverkleidung, nach den Plänen des französischen Konstrukteurs. Er hatte ihnen die maßstabsgerechten Zeichnungen geschickt, die sie in der Werkhalle an der Wand befestigten. Ein Ultraleichtflugzeug mit einer Spannweite von sechs Metern neunzig. Was sie besonders freute, war die Tatsache, dass der oder die Piloten kein flugmedizinisches Tauglichkeitszeugnis brauchten, ein großer Vorteil in ihrem Alter.

Jeden Vormittag trafen sie sich, schlossen die Halle auf, nahmen sich die Pläne vor und begannen zu hobeln, zu hämmern, zu schnitzen, zu laminieren, Höhen- und Seitenleitwerke, Rumpf und Fläche entsprechend den Konstruktionsplänen zusammenzubauen. Sie hatten sich den Bauaufwand einfacher vorgestellt, ihr Optimismus wurde mehrmals auf eine harte Probe gestellt. Einmal hatten sie das falsche Holz für den Propeller bestellt, die Arbeit von zwei Wochen war umsonst gewesen, und sie mussten das Segment fortwerfen. Mehrmals machten sie Fehler beim Zusammenfügen der Teile, fingen wieder von vorne an, hatten Fragen, riefen nicht selten den französischen Konstrukteur an, der ihnen mit Ratschlägen weiterhalf. Eigentlich wollten sie zügig arbeiten, in einem Jahr fertig sein, aber dann kam doch einiges dazwischen – eine Grippewelle, die beide nacheinander erfasste, Noras dringender Wunsch nach Urlaub mit ihrem Mann, den er gern erfüllte. »Mindestens drei Wochen, schließlich hast du kaum mehr Zeit für mich«, hatte sie geklagt.

Zwischendurch war ihnen das Geld ausgegangen, das Material war doch teurer gewesen, als sie ursprünglich kalkuliert hatten. Und immer wieder kam ein Gutachter der »Oskar-Ursinus-Vereinigung für Flugzeugbauer« in die Werkstatt, überprüfte die Qualität der Teile und die Bauausführung, bemängelte mehrmals Fehler und verlangte Nachbesserung.

Aber schließlich konnten sie den Motor bestellen – einen Viertakt-Zweizylinder-Motor einer englischen Firma, der die Maschine mit dreißig PS antreiben würde. Nachdem sie feierlich die Kiste geöffnet und die Verpackung gelöst hatten, standen sie ergriffen vor dem blank im Licht blitzenden Apparat.

Endlich, nach fast drei Jahren Planung und Bauzeit, war es geschafft. Sie öffneten das Fabriktor, rollten den Flieger auf den Vorplatz und bewunderten ihr Flugzeug

– elegant, schnittig, in der Sonne glänzend und genauso, wie sie es sich vorgestellt hatten.

Losfliegen konnten sie allerdings noch nicht. Sie mussten das Flugzeug für viel Geld auf den Flugplatz Egelsbach südlich von Frankfurt transportieren lassen, wo sich eine tausendvierhundert Meter lange Start- und Landebahn befand.

»Das wird dir hoffentlich reichen, um abzuheben«, frotzelte Thomas.

Ralf verdrehte die Augen über diesen nicht ganz ernst gemeinten Hinweis, aber sie mussten beide an das Unglück denken, das erst vor kurzem hier passiert war: Ein Kleinflugzeug war während des Durchstartvorgangs nicht rechtzeitig hochgekommen, auf die Bahnstrecke Frankfurt-Darmstadt gestürzt und mit einem Güterzug kollidiert. Der vierundsechzigjährige Flugzeugführer war schwer verletzt worden, seine Frau noch am Unfallort gestorben.

Ungeduldig warteten sie auf das Kontrollergebnis der Flugsicherung, denn vor jedem Erstflug musste sehr ausführlich und penibel überprüft werden, ob das Flugzeug lufttüchtig war und den Vorschriften entsprach. Ralf und Thomas, die beiden Erbauer, fühlten sich wie damals vor dem Abitur, hatten Herzklopfen, als die Prüfer die Trockenerprobung aller Flugzeugteile vornahmen. Erst danach durfte der Erstflug folgen, um die Lufttüchtigkeit der Maschine zu erproben und die endgültige Verkehrszulassung zu erhalten. Sie war gesetzlich vorgeschrieben, ohne sie gab es keine Versicherung des Eigenbauflugzeugs.

An diesem für die beiden Männer besonderen Tag versammelte sich die ganze Egelsbacher Mannschaft auf dem Flugfeld – Gutachter, Techniker, Mechaniker, Helfer und natürlich viele andere Flugzeugeigner und Piloten. Nora hatte sich extra freigenommen. Ralf bemerkte, dass sie fast so aufgeregt war wie er selbst. Ihren Widerstand gegen das Projekt hatte sie schon längst aufgegeben und stand nun in der ersten Reihe, signalisierte Thomas und ihm mit hochgereckten Daumen Erfolg und Gelingen. Sie gab sich siegessicher, obwohl Ralf vermutete, dass sie insgeheim gewaltige Angst hatte, sie könnten mit ihrem Apparat abstürzen. Bestimmt schickte sie ein stilles Stoßgebet, an wen auch immer: Bitte, lass die beiden Seiltänzer wieder heil herunterkommen!

Ralf war zwar sicher, dass sie alles richtig gemacht hatten, aber er wusste, dass er genau wie Thomas leichte Bedenken und Beklemmungen vor diesem Jungfernflug hatte. Das erste Mal sollte ihr Eigenbau in die Luft gehen, mit ihnen an Bord. Und wenn doch etwas nicht in Ordnung war? Wenn ihr Werk sich als nicht lufttüchtig erwies? Wenn es ins Trudeln kam und mit ihnen abstürzte? So ein Erstflug war schon ein Risiko.

Das Flugzeug wurde auf das Rollfeld gezogen.

»Hals- und Beinbruch, ihr beiden«, rief Nora.

Es war klar, dass Ralf am Steuer sitzen würde, er war der Initiator gewesen, war der erfahrenere Pilot.

Schon etwas steifbeinig und leicht gebückt ging er auf die Maschine zu. Er hatte seine alte Fliegermontur – Lederjacke und die eng auf dem Kopf sitzende Kappe – herausgekramt, die er vor vielen Jahren in Afrika getragen hatte. Lederjacke und Träger sahen schon ziemlich verknittert und museumsreif aus. Mancher der durchweg jüngeren Zuschauer schmunzelte. Die Jacke spannte eindeutig über dem Bauch des Piloten. Ganz vorschriftsmäßig überprüfte Ralf zuerst den Tankinhalt mit einem Messstab, prüfte den Luftdruck der Reifen, während Thomas an dem Propeller wackelte, um sicherzugehen, dass er sich nicht ablösen konnte. Dann kletterte er auf den Zweitsitz.

Ralf stieg auf den Pilotensitz im Cockpit, schloss die Plexiglaskanzel – etwas schwerfällig, aber souverän wie eine Figur aus einem alten Film.

Flieger, grüß mir die Sonne und grüß mir den Mond.

Er nahm das Mikrofon, sprach mit der Flugsicherung und bat um Starterlaubnis.

Ihn packte eine ungeheure Erregung, als er die Bremse löste und das Flugzeug auf den Start- und Landestreifen steuerte. Doch sobald die Maschine ins Rollen kam, wurde er ganz ruhig. Er war wieder der junge Pilot, der sich zu einem Flug über die Weiten Afrikas bereit machte. Er beschleunigte die Maschine, zog den Steuerknüppel an, spürte, wie die Nase sich hob und das Flugzeug aufstieg. Unter ihm lagen zwar nicht die Savannen und Steppen Afrikas, sondern die grünen Wiesen und gelben Felder Hessens, die Dörfer und Bauernhöfe, aber er und Thomas hatten das Gefühl, jung und verwegen zu sein. Zwei alte Knacker auf dem Weg ins Irgendwo!

Der Motor lief gleichmäßig, der Benzintank war voll, die Instrumententafel funktionierte, der Kompass drehte sich mit der Nase des Flugzeugs.

»Alles in Ordnung, Kumpel. Wir haben es geschafft!«, rief er nach hinten.

In ihrer Euphorie schmetterten sie laut, textlich nicht ganz richtig und ziemlich unharmonisch den alten Reinhard-May-Song: *Über den Wolken muss die Freiheit wohl grenzenlos sein – alle Ängste, alle Sorgen bleiben darunter verborgen, alles, was uns groß und wichtig erscheint, wird dort nichtig und klein.*

Ralf wendete in einem großen Bogen, flog in der richtigen Höhe wieder den Flugplatz an, fuhr die Landeklappen aus und setzte die Maschine zart auf, machte eine weiträumige Wendung und lenkte das Flugzeug zum Hangar zurück. Die Zuschauer warteten bereits und klatschten den beiden alten Haudegen begeistert Beifall. Nora umarmte sie, und der Gutachter überreichte ihnen das Zertifikat.

Die anschließende Feier mit viel Champagner, mehr oder weniger anstößigen Fliegerwitzen, Glückwünschen und oftmaligem »Hoch soll'n sie leben« ging bis in die späten Abendstunden. Nora fuhr die beiden glücklich betrunkenen Männer anschließend nach Hause.

Fast vier Jahre waren seit diesem spektakulären Erstflug vergangen. Jahre, die ausgefüllt waren mit Spaß am Fliegen, Arbeit am Flugzeug, Treffen mit anderen Piloten. Seine Begeisterung für das Fliegen hatte sich in dieser Zeit nicht abgeschwächt – im Gegenteil, sie hatte zugenommen und sogar Nora angesteckt. Nach den ersten Flügen mit ihr, anfangs nur über den Taunus und die Wetterau, hatte sie nach weiter entfernten Zielen verlangt. Begeistert hatte sie Anregungen und Vorschläge gemacht, Informationen eingeholt. Sie hatten viele Reisen unternommen – Reisen, die durch die Möglichkeit, einen Ort mit dem eigenen Flieger zu erreichen, einen ganz besonderen Stellenwert erhielten.

Einmal war er mit ihr sogar bis nach Frankreich geflogen. Er hatte eine fast bilderbuchmäßige Landung auf einem kleinen Flughafen in der Nähe von Paris hingelegt und mit ihr ein wunderbares Wochenende in der Stadt verbracht. Sie war begeistert gewesen, und er hatte ihr versprochen, bald wieder mit ihr in die Lüfte zu steigen. Irgendwie war es aber nicht dazu gekommen. Wenn er es sich recht überlegte, war ihre anfängliche Begeisterung mittlerweile in Desinteresse übergegangen. Anfangs hatte sie ihn noch wegen jeder Kleinigkeit ausgehorcht, manchmal geradezu ausgequetscht, und jetzt – kaum, dass sie noch eine Frage stellte.

Jetzt war wieder Weihnachten. Ralf war nicht gläubig, mit zunehmendem Alter hatte er immer weniger für die Festrituale übrig. Die Leute machten seiner Meinung nach viel zu viel Gewese um diese Feiertage. Ja, wenn man Kinder hätte …, aber Nora und er hatten nicht mal Neffen oder Nichten. Am liebsten würde er Weihnachten ausfallen lassen und die Tage mit Fliegen verbringen, solange das Wetter es noch erlaubte.

Er hasste diese verordnete Glücksstimmung, die der Alte mit dem weißen Bart und dem roten Mantel verbreiten sollte. Diese hochgespannten Erwartungen, die meist damit endeten, dass man sich gegenseitig anschrie. Und dann die zeitraubende Suche nach Geschenken. Meistens waren die sogenannten Gaben überflüssige Sachen – Socken und Krawatten konnte er sich selbst kaufen. Aus diesem Grund hatten sie sich voriges Jahr darauf geeinigt, sich nichts mehr zu schenken, eigentlich hatten sie alles. Eigentlich! Aber als er dann mit leeren Händen unter dem Weihnachtsbaum gestanden hatte, war Nora eingeschnappt gewesen und hatte herumgemault. Typisch Frau eben!

Diesmal musste er ein wirklich gutes Geschenk finden, irgendetwas Besonderes. Er hatte sie in letzter Zeit etwas vernachlässigt, war wohl zu oft mit Thomas und mit dem Flugzeug beschäftigt gewesen. Sie waren im Sommer und auch im Herbst oft zusammen geflogen.

Er musste sie versöhnen, in seinem eigenen Interesse, wollte seine fröhliche, neugierige Nora wiederhaben. Natürlich liebte er sie, das wusste sie doch. Was hatte sie nur? Er konnte sich nicht an eine solch kalte Gefühlslage in ihrer Ehe erinnern. Was war bloß los mit ihr? Sie musste doch selbst gemerkt haben, dass er wieder enormen Auftrieb und Zuversicht gewonnen hatte, herausgekommen war aus der Ruhestandsfalle, wo sein Leben sich in viel zu geordneten Bahnen vollzogen hatte, immer langweiliger geworden war. Materiell abgesichert, mit allem Komfort ausgestattet, ein friedlicher Alltag mit all den eingefahrenen Gewohnheiten. Das hatte sich doch jetzt geändert, das Leben war wieder voller Erwartungen und Erlebnisse. Er hatte geglaubt, dass er auch Nora mit seinem neuen Elan begeistert hatte. Er konnte sich doch nicht völlig geirrt haben.

Am Weihnachtsabend überreichte er ihr sein Geschenk, hatte sich große Mühe gegeben, ihr die antiken Aquamarin-Ohrringe gekauft, die so gut zu ihren blauen Augen passten. Natürlich freute sie sich, als sie das Kästchen öffnete, aber die Glückseruption, die er erwartet hatte, stellte sich nicht ein.

Sie bedankte sich und nahm seine Hand. »Wir müssen miteinander reden«, sagte sie nur.

Auf das, was dann kam, war er nicht vorbereitet.

»Ich muss zum Arzt. Habe vor einigen Tagen einen Knoten in der Brust getastet. Natürlich hätte ich gleich zum Arzt gehen müssen, aber wie du weißt, bin ich manchmal eine Meisterin im Verdrängen. Hab mir eingeredet, dass der Knoten harmlos sei. Aber jetzt bin ich entschlossen, zu einem Spezialisten zu gehen. Auch weil ich hin und wieder so Schmerzen im linken Brustkorb habe und in letzter Zeit oft Atemnot und Schwindelanfälle. Ab und zu habe ich das Gefühl, ohnmächtig zu werden.«

Sie versuchte, nüchtern und gefasst zu bleiben, aber jetzt begann sie zu schluchzen und suchte seinen Halt. »Ich habe Angst, Ralf! Wenn es nun Brustkrebs ist oder etwas mit dem Herzen? Nach den Feiertagen gehe ich sofort ins Krankenhaus zur Untersuchung.«

Das Erste, was er dachte, war: Das kann nicht sein, sie ist doch viel zu jung für Krebs, und mit dem Herzen hat sie auch nie etwas gehabt. Aber er wusste, dass diese Überlegungen nur seiner eigenen Beruhigung dienten.

Er nahm sie in den Arm, versuchte Zuversicht zu verbreiten. »Der Knoten ist bestimmt ganz harmlos. – wahrscheinlich eine Verkalkung. Du neigst dazu. Erinnere dich an die Verkalkung in deiner Schulter. Die hast du mit dieser Stoßwellen-Therapie wegbekommen.« Verzweifelt suchte er nach weiteren Argumenten. »Und die Schmerzen in der Herzgegend kommen wahrscheinlich vom Rücken. Du hast in letzter Zeit mit dieser Umstrukturierung in der Bank viel Stress gehabt. Außerdem sitzt du viel am Schreibtisch, schreibst am Computer und wenn du abends nach Hause kommst, bist du völlig verspannt, und das strahlt bis in den Brustkorb aus.«

Er merkte selbst, wie aufgesetzt seine Worte klangen.

In dieser Nacht klammerten sie sich aneinander und er redete ihr gut zu, beschwichtigte, besänftigte, dämpfte ihre Ängste. Als sie endlich in seinen Armen eingeschlafen war, lag er lange wach.

Und wenn doch etwas ist?, dachte er. Sie war immer gesund, nie zimperlich gewesen.

Er nahm sich vor, gleich morgen Bernd anzurufen, Feiertage hin oder her. Schließlich war der nicht nur ihr Hausarzt, sondern auch ein enger Freund. Der würde sie – und ihn – bestimmt beruhigen können.

Wie erwartet, war Bernd bereit, Nora zu untersuchen. »Bring sie her, damit sie beruhigt ist, wird wahrscheinlich eine Art von nervöser Erschöpfung sein. Und danach setzen wir uns noch zusammen und stoßen gemeinsam auf Weihnachten an.«

Bernd machte anfangs seine üblichen Scherze, hörte ihr Herz ab, befühlte ihre rechte Brust und wurde nun doch ernster. »Der Knoten ist wahrscheinlich harmlos, der ist beweglich. Aber die Schwindel- und Ohnmachtsanfälle müssen abgeklärt werden. Dein Herz stolpert manchmal. Das haben viele Menschen, aber ich schicke dich zu einem Kollegen im Universitätskrankenhaus. Der soll dich nach den Feiertagen gründlich untersuchen.«

Während er eine Überweisung ausstellte, sagte er: »Wir müssen sichergehen, dass keine Gefäßverengungen vorliegen. Er soll eine Kernspintomographie machen. Aber ich bin zuversichtlich, dass er nichts Schlimmes finden wird. Außerdem soll er eine Mammographie machen. Und jetzt mach dir keine Sorgen, du bist stark, rauchst nicht. Du trinkst mäßig, bist gerade mal Mitte fünfzig, und in deiner Familie ist auch noch keiner an Herzversagen gestorben. Wahrscheinlich wirst du neunzig.«

Aber das sollte ein frommer Wunsch bleiben. Noch in der gleichen Nacht erlitt Nora einen schweren Herzanfall. Ralf hatte geschlafen, war aber plötzlich aufgeschreckt, hatte das leere Bett neben sich gesehen und fand sie bewusstlos vor der Toilette liegen. Er wusste nicht, wie lange sie dort schon gelegen hatte. Der Rettungswagen war innerhalb von Minuten da, aber da atmete sie schon nicht mehr.

Zweimal mit Elektroschock reanimiert, begann ihr Herz wieder zu schlagen, sie blieb aber bewusstlos. Ein ganzes Ärzteteam versuchte mit allen medizinischen Mitteln über Wochen hinweg, sie wieder zu Bewusstsein zu bringen. Ralf musste akzeptieren, dass während der Herzattacke die Blutversorgung des Gehirns unterbrochen worden war und sich daraus irreversible Schäden ergeben hatten. Sie hing an Kabeln und Infusionen, wurde beatmet und künstlich ernährt, lag da wie eine atmende Tote. Ralf verbrachte jeden Tag und viele Nächte an ihrem Bett im Krankenhaus, sprach mit ihr, spielte ihr Musik vor, die *Barcarole* aus *Hoffmanns Erzählungen,* die sie so liebte, ließ die Callas alle großen Arien singen *–Mira o Norma –*, las ihr Geschichten vor und hoffte immer darauf, dass sie wieder erwachte und wieder zu der Nora wurde, die er so liebte.

Die Ärzte blieben optimistisch. »Es gibt immer noch Hoffnung. Wunder geschehen immer wieder. Patienten, die schon am Sterben waren, haben sich plötzlich erholt und lebten noch viele Jahre.«

Nach drei Monaten besserte sich Noras Zustand, sie blieb zwar weiterhin ohne Bewusstsein, begann aber wieder selbst zu atmen. Er schöpfte Hoffnung, holte sie nach Hause. Tagsüber war er ständig neben ihrem Bett, nachts kam eine Pflegerin.

Mehr als ein Jahr verbrachten sie so. Sie musste weiterhin künstlich ernährt werden, er wurde immer hoffnungsloser. Anfangs waren noch Freunde vorbeigekommen, hatten sich zu ihr gesetzt, sie angesprochen, Musikkassetten mitgebracht. Nach und nach wurden es immer weniger Besucher, bis sie alle wegblieben – bis auf Thomas. Der kam, redete mit ihm, versuchte ihn aufzumuntern, zu einem gemeinsamen Flug zu überreden. »Flieg mit mir. Du musst hier mal raus, musst auch an dich denken.«

Ralf schüttelte den Kopf und schwieg.

Schließlich sprach er mit Bernd. »Ich habe an ihrem Bett gesessen, viele Tage und manchmal auch Nächte. Sie schaut mich an, aber da ist nichts mehr, nicht das geringste Bewusstsein. Es sind völlig leere Augen. Ich erreiche sie nicht. Besteht noch irgendeine Hoffnung?«

»Als Mediziner muss ich dir sagen, dass ich nicht mehr hoffe. Ihr Gehirn ist zu stark beschädigt. Ich glaube nicht, dass sie jemals aus dem Koma erwachen wird.«

Und da wagte er zum ersten Mal, an eine letzte Möglichkeit zu denken, aber Bernd lehnte ab.

»Es gibt nichts Schriftliches, in dem sie das gewünscht hat.«

»Wie sollte sie? Wir haben doch an so was niemals gedacht.«

»Ich bin dein Freund, aber ich bin auch Arzt und somit verpflichtet, Leben zu erhalten. Das kannst du mir nicht zumuten. Ich kann das nicht machen, weder vom Eid noch vom Gesetz her.«

»Sie vegetiert dahin. Ich weiß nicht mehr weiter, nicht mal eine Pflegeeinrichtung nimmt sie in diesem Zustand auf.«

Bernd stand von seinem Schreibtisch auf und legte Ralf die Hand auf die Schulter. »Ich kann dir helfen, die Last zu tragen, aber ich kann sie dir nicht abnehmen.«

»Das ist doch kein Leben mehr, sie ist eine atmende Tote«, erwiderte Ralf verzweifelt. »Meinst du, das hätte sie gewollt?«

In dieser Nacht saß er an ihrem Bett. »Rufen Sie mich, wenn Sie Hilfe brauchen«, sagte die Pflegerin, bevor sie sich hinlegte.

Er sah Nora an, nahm ihren Körper in die Arme, küsste das schöne leere Gesicht, während ihre offenen seelenlosen Augen an die Decke starrten.

Er wusste, er hatte sie verloren, auch wenn sie noch atmete. Er begann, ihr langes Haar zu bürsten, das immer noch blond war. Wie oft hatte er das am Anfang ihrer Ehe getan, und sie hatte es genossen. Und er wusste auch, dass er nicht ohne sie leben wollte. So viel gemeinsames Leben, so viele gemeinsame glückliche Jahre. Er würde sie nicht allein sterben lassen. Wie hieß es doch in der Bibel über des Menschen Leben: *Und wenn es hochkommt, währet es siebzig Jahre und ward Mühe und Arbeit.*

Nun, er war über siebzig, und er hatte sehr viel Glück gehabt. Sein Leben war nicht nur Mühe und Arbeit gewesen. Er hatte keine Angst vor dem Tod.

Gegen Morgen rief er Thomas an. Es wurde ein langes Gespräch, eine heftige Diskussion, bis Thomas schließlich sagte: »Also gut, ich werde dir helfen.«

Ralf bestellte die Pflegerin ab und traf seine Vorbereitungen. Er wusch ihren stillen Körper, holte ihr helles Sommerkleid aus dem Schrank, das er so gern an ihr gesehen hatte, kleidete sie an, sprach ununterbrochen mit ihr, erzählte ihr, was er vorhatte, sagte ihr all die Dinge, die er während ihrer Ehe versäumt hatte zu sagen, befreite sie von allen Schläuchen und legte sich neben sie, bis es dunkel wurde.

Dann stand Thomas vor der Tür.

»Es ist alles vorbereitet«, sagte Ralf. »Hilf mir, sie ins Auto zu tragen.«

Sie erreichten den Flugplatz, der schwarz und still in der Nacht dalag, während nur der unbemannte Tower beleuchtet war. Gemeinsam rollten sie das Flugzeug aus dem Hangar, und gemeinsam setzten sie Nora auf den hinteren Sitz und schnallten ihren Körper fest. Ralf überprüfte alle Instrumente, ließ den Motor an und fuhr das Flugzeug auf die Startbahn.

Bevor er durchstartete, hob er die Hand zu einer Abschiedsgeste an Thomas, der am Rande der Bahn stehengeblieben war.

Und dann hob er ab.

Das Flugzeug stieg immer höher, bis Thomas nur noch ein Licht sah, das sich über den Nachthimmel bewegte.

Über den Wolken wird die Freiheit wohl grenzenlos sein.

Bevor Thomas wieder ins Auto stieg, sah er die Explosion und den weit entfernten Feuerball und hörte den Knall.

Alle Ängste, alle Sorgen bleiben darunter verborgen – alles, was uns groß und wichtig erscheint, wird dann nichtig und klein.

Damals

von

Chris Hauf

10

Sie ist zurück, zurück am Ort ihres Damals, ihres Früher, ihrer frühen Jugend und einem Stück ihrer Kindheit. Lange ist sie nicht mehr hier gewesen, das Leben spielte sich anderswo ab, mit wechselnden Wichtigkeiten. In den ersten Jahren war es die Familie, die sie häufiger die weite Reise antreten ließ, die Mutter, die Schwester, auch Freundinnen und Freunde, die sie wiedersehen wollte, die sich freuten, sie zu treffen, die ihre Wirtschaftswunderneubauten mit mehreren Zimmern, Küche, Bad und ölbetriebener Zentralheizung stolz präsentierten, ebenso wie den selbstgebackenen Kuchen mit »guter Butter«.

Jetzt, sehr viele Jahre nach ihrem Aufbruch nach Israel, ist sie wieder hier. Sie hat ihre Sachen verkauft, verschenkt oder einfach stehen lassen für die Nachmieter, sie hat das alte Haus gesucht, sie hat es gefunden – das Mietshaus in einer nicht so glamourösen Ecke »Dribbdebach« in ihrer alten Heimat, in Frankfurt Sachsenhausen. Hier wurde sie geboren, sie und auch ihre Schwester, und hier wurde sie eingeschult, mitten im Zweiten Weltkrieg, mit einem Ranzen aus Pappmaschee auf dem Rücken. Lederranzen gab es nicht zu dieser Zeit. Die Schule gleich um die Ecke von ihrem Großelternhaus – hier hat sie geträumt, erste Liebeleien erlebt, auch Tränen und kleines Glück.

Das Haus ist alt geworden, alt und grau – so alt und grau wie die Frau, die ihr aus dem großen, weitgehend blinden Spiegel entgegenblickt, der auf dem Treppenabsatz in der ersten Etage hängt, seit nunmehr sechs Jahrzehnten, mit dem opulenten, ehemals goldenen Barockrahmen.

Das Haus steht seit den neunziger Jahren des neunzehnten Jahrhunderts, also seit weit über hundert Jahren, die Holztreppen sind abgetreten, Fensterrahmen abgeblättert, die Kacheln des steinernen Fußbodens zum Teil zerbrochen. Die schöne alte Eingangstür mit den hölzernen Schnitzereien und der schmiedeeisernen Handwerkskunst wurde in einem Akt schändlicher Modernisierungswut in den Sechzigern ausgetauscht in eine Tür aus Leichtmetall, gleichzeitig ein Vorbau aus Glasbausteinen errichtet, damals hochmodern und der letzte Schrei.

Mittlerweile ist das Haus stark renovierungsbedürftig, der Putz ist brüchig, teilweise nicht mehr vorhanden, der Lack abgeblättert, alle Leitungen und sanitären Einrichtungen müssten erneuert, die marode Heizungsanlage modernisiert und die instabilen Balkone saniert und neu befestigt werden. Alles Maßnahmen, für die kein Geld vorhanden ist. Ihre Schwester, nach sechzigjähriger, glücklicher Ehe inzwischen selbst tot, hat das Erbe auf Anraten ihrer Söhne ausgeschlagen, zu hoch sind die Hypotheken, zu unberechenbar die Kosten, die für die Sanierung aufzubringen wären.

Sie selbst, Erbin eines winzigen Teils des Hauses, verhandelt mit der örtlichen Sparkasse, diese wiederum mit einem Investor, sie will mit all dem nichts zu tun haben, ist aber bereit, ihren Anteil zu veräußern.

Es scheint so, als gäbe es einen ernsthaften Interessenten – falls er das Haus kaufte, würde sie schweren Herzens den Dachboden räumen und die Keller leeren, sie würde einen Container bestellen, die zahlreichen Einbauten, Zwischenwände und Verschläge entfernen lassen. Ein stabiles Hochbett, vermutlich aus den 1970er Jahren, ist auch dabei.

Aber – auch das ist ihr klar – sie würde Dinge finden, Schätze, Erinnerungen, das Kasperletheater, das der so schmerzlich im Krieg vermisste Vater gebaut hatte, die Puppenstube, den Puppenwagen und die Holzwiege, den Roller, Schlittschuhe, Brettspiele und viele Kinder- und Märchenbücher, die sich beim Anfassen wahrscheinlich in Staub auflösten.

Und sie würde traurig sein, aber auch froh, ein weiteres Kapitel ihres Lebens abgeschlossen zu haben, und vielleicht würde sie sich eine kleine Wohnung nehmen, eine sehr kleine Wohnung zu ebener Erde – oder hoch oben mit Aufzug und mit Blick auf den Taunus und den Sonnenuntergang. Keine altengerechte Wohnung in einer dafür ausgewiesenen Wohnanlage, nein, das noch nicht, sondern eine Wohnung auf dem freien Wohnungsmarkt und hoffentlich bezahlbar.

Vorerst hat sie sich in einem Zimmer in der vorletzten Etage halbwegs eingerichtet – noch funktioniert die Elektrik, es gibt also Licht und die Möglichkeit, zwei Kochplatten zum Bereiten von Tee, Kaffee und Spiegeleiern zu nutzen. Im Lesecafé, einem inzwischen mehr als dreißig Jahre alten ehemals alternativen Treffpunkt am Schweizer Platz trinkt sie ihren »Latte« oder ihren Tee mit frischer Minze, sie unterhält sich mit den Leuten — und sie hört es gern, wenn sie nicht nur jünger geschätzt, sondern auch für ihre Fitness bewundert wird.

Dass ihr das Laufen täglich schwerer fällt, dass sie seit einigen Wochen einen Stock benutzt — manchmal wenigstens — das passt nicht so richtig zu ihrem Selbstverständnis, und es fallen ihr eine Reihe von Gemeinplätzen ein, etwa »was soll man machen?«, »wir haben keinen Einfluss«, »man muss sich in sein Schicksal fügen« und so weiter.

Sie betritt das Haus, ihr Haus zu einem winzig kleinen Teil, setzt sich auf die Stufen unterhalb des halbblinden, aber immer noch sehr schönen Spiegels. Bilder tauchen auf, Bilder von früher, sie sieht sich als kleines Mädchen im dirndlartigen Kleidchen mit weißer Bluse, Spitzen am Kragen und an den Ärmeln, ein kornblumenblauer Trägerrock, sie sieht sich zweimal, identisch gekleidet mit ihrer Schwester, die ein Jahr älter war und wenige Zentimeter größer.

Sie legt keinen Wert darauf gesehen zu werden und zieht sich in den Hohlraum unter der Treppe zurück, es ist nicht sehr bequem, aber es ist der ideale Platz für ihre Reise in die Vergangenheit. Hier, genau hier, hat sie oft gesessen, mit der Schwester, mit Freundinnen — und dann mit dreizehn oder vierzehn Jahren mit ihm, Siegfried, dem Polizistensohn, dem Gitarre spielenden Pfadfinder, dem Gymnasiasten mit dem dunkelblonden Lockenkopf. Einen Sommer lang oder auch zwei.

Sie denkt an ihre Schwester, daran, dass der Kontakt mit den Jahrzehnten abgenommen hat, dass sie sich nach Mutters Tod immer weniger zu sagen gehabt hatten. Zur Trauerfeier für ihre Schwester ist sie nicht gekommen, und sie weiß nicht, warum. Vielleicht, weil Schwester und Schwager sie in all den Jahren nie in Israel besucht hatten.

Die Schwester ist nicht mehr da, liegt unter dem viereckigen Stein, etwas mehr als einen Meter breit und ebenso lang, der auf dem Südfriedhof von den herabfallenden Blättern langsam verdeckt wird, weil niemand sich kümmert, aber sie liegt da mit ihrem geliebten Mann – an ein Wiedersehen im Jenseits glaubend.

Die Wiederkehrerin im Diesseits tagträumt weiter und versucht sich vorzustellen, wie denn ihr Leben verlaufen wäre, wenn sie damals, vor vielen Jahren, geblieben wäre, wenn sie sich angepasst hätte, kompromissbereit, strebsam, fleißig und ehrgeizig vorgezeichnete Wege gegangen wäre und diese nicht verlassen hätte, ja wenn, wenn ...

Sie hätte vielleicht ihr Glück gefunden, sie hätte es wieder verloren, neue Versuche gewagt, gelebt, gelacht, geliebt, gelitten – im Kreislauf von Anfang und Ende, Alpha und Omega, egal, unter welchem Himmel.

Und ja, sie ist in Israel alt geworden, und dennoch hat sie wieder eine Zukunft. Sie hat die Wahl: Sie kann zurückkehren in ihr problematisches ehemaliges Traumland, in ihre zweite Heimat. Sie kann nach Tel Aviv fliegen von Frankfurt-Rhein-Main. Mit dem Schiff reisen von einem Hafen in Italien, Frankreich oder Spanien.

Oder sie kann hier bleiben, kann versuchen, wieder

Fuß zu fassen in ihren Erinnerungen, kann in der stark gewachsenen, aber doch vertrauten Stadt anknüpfen an die Zeit, als sie jung war, hoffnungsvoll und risikobereit. Und im Februar, wenn es ganz langsam Frühling wird, kann sie beim Flanieren durch den Stadtteil nachsehen, ob in dem schmalen Vorgärtchen »ihres Hauses« die Schneeglöckchen blühen ...

Der einhunderterste Geburtstag

von

Monika Hoßfeld

11

Heute war es endlich so weit. Im Kalender stand der dreizehnte August. Es war Manfreds einhunderterster Geburtstag. Das Tageslicht schien schon morgens um sechs Uhr hell durch die zugezogenen Gardinen. Rechts neben seinem Bett befand sich der Nachttisch. Die Ziffern auf dem Elektrowecker leuchteten und zeigten an, dass dieses Datum keine Täuschung war. »Mein Geburtstag – 101 Jahre«, das hatte er mit seiner eigenen krakeligen Handschrift neben die Zahl dreizehn auf das Kalenderblatt geschrieben.

Was ist eigentlich im letzten Jahr passiert, bei meinem einhundertsten Geburtstag? Manfred versuchte sich zu erinnern, konnte sich aber keine Antwort geben. Nur langsam glitt er vom Schlaf hinüber in einen Zustand zwischen Wachen und Träumen. Dieser Tag war kein Traum, er war Realität.

Draußen auf der Straße vor dem Wiesenhüttenstift, einem Alten- und Pflegeheim in Frankfurt-Preungesheim, rauschte der Berufsverkehr vorbei. Von seinem Zimmerfenster aus konnte er den Trubel beim wöchentlichen Markttag auf dem Gravensteiner Platz beobachten. Die Endhaltestelle der Stadtbahn Linie 18 lag direkt gegenüber. Er hatte sich an den Lärm der Autos und an das Quietschen, den die Straßenbahnen beim Bremsen verursachten, längst gewöhnt. Wie lange war das jetzt her, als er sich um diese Zeit beeilen musste, um noch die Straßenbahn zu erreichen?

Sein Arbeitsplatz im Büro der Firma Cassella hatte sich in Fechenheim am anderen Ende der Stadt befunden. Aber kurz nach dem Krieg musste er froh sein, dass er überhaupt eine bezahlte Arbeit gefunden hatte. Nur ungern erinnerte er sich an den eintönigen Büroalltag. Er musste einfache Berichte in eine alte Schreibmaschine tippen, nichts, was seine kreative Ader befriedigen konnte. Damals hatte er gehofft, ein Studium an der Hochschule für Gestaltung in Offenbach zu beginnen. Leider fehlte ihm das nötige Geld, um den Semesterbeitrag und die Kosten für Kurse und Arbeitsmaterial aufzubringen. Da seine Eltern im Krieg verstorben waren, konnte er auf keinerlei finanzielle Unterstützung hoffen. Drei Jahre später hatte er Glück und bekam eine Anstellung bei der Stadt Frankfurt. Im Jugendhaus in Frankfurt-Fechenheim konnte er kreativ arbeiten und stellte fest, dass ihm die Arbeit mit Kindern und Jugendlichen Freude machte. Seine Fotoworkshops, Zeichenangebote und Bastelgruppen trafen den Geschmack der Teilnehmer, selbst die Kollegen bewunderten seine Fantasie. Er war bei allen beliebt gewesen.

Das waren die schönsten Jahre in meinem Leben, dachte er oft. In seiner Freizeit hatte er Museen und Ausstellungen besucht oder Ausflüge mit seinem VW-Käfer unternommen.

Heute hatte er alle Zeit der Welt, was er aber nur selten als Luxus empfand. Er musste sich nicht mehr beeilen. Er hatte nichts mehr vor. Ein Tag glich dem anderen. Sollte er die Nachttischlampe schon anknipsen? Nein, im Halbdunkel konnte er viel besser nachdenken. Bald würde Schwester Käthe, seine Bezugspflegerin, ins Zimmer kommen.

Er war hundertundeins Jahre alt, das war doch was, davon konnten seine Mitbewohner nur träumen! Sie waren alle jünger als er. Was hatte er in seinem langen Leben schon alles angefangen und wieder beendet? Das meiste lag viele Jahre zurück. Zum Glück funktionierte sein Gehirn noch einwandfrei. Besonders an das, was früher einmal war, konnte er sich gut erinnern. Je älter er geworden war, desto unwichtiger wurden für ihn seine Geburtstage. Was gab es beim Älterwerden schon zu feiern? Was sollte es heute zu feiern geben? Vielleicht würde man ihm etwas Besonderes zum Essen servieren. Vielleicht ein Lachsbrötchen oder Schinken mit Rührei zum Frühstück. Es war ihm egal, denn das Essen im Wiesenhüttenstift war gut und abwechslungsreich, und er war es schon als Kind gewohnt, alles zu essen, was man ihm vorsetzte. Warum bin ich in letzter Zeit so vergesslich?, grübelte er. Er ärgerte sich manchmal darüber, dass er beim Mittagessen schon wieder vergessen hatte, was zum Frühstück in seinem Magen gelandet war.

Was soll's, dachte er. Wenn ich nicht mehr weiß, was ich gegessen habe, kann ich es ja auf dem Menüplan nachlesen, den die Schwestern immer auf meinen Nachttisch legen.

Früher, da war alles anders. Und jetzt? Als das Leben in den eigenen vier Wänden nicht mehr möglich gewesen war, schien der Weg in ein Altenpflegezentrum die beste

Lösung. Mit diesem Schritt gingen für ihn auch viele große Veränderungen einher, auch finanzieller Art. Alle Kosten, die von der Pflegeversicherung nicht gedeckt waren, wurden jeden Monat von seinem Konto abgebucht. Aber was würde geschehen, wenn sein Konto einmal leer sein würde? Diesen Gedanken wollte er nicht zu Ende denken.

Für ihn war es schwer zu akzeptieren gewesen, dass er eine Betreuerin zugeteilt bekommen hatte, die alles Finanzielle regelte. Als er ins Pflegeheim gezogen war, hatte sie sich kurz bei ihm vorgestellt und danach nur noch sporadisch blicken lassen. Sie teilte ihm sein kleines monatliches Taschengeld zu, das er meistens für Süßigkeiten ausgab. Oft steckte er den Schwestern und Pflegern einen Geldschein zu, um sich für ihre Bemühungen zu bedanken.

Früher hatte er viele Freunde gehabt und wurde oft eingeladen. Die Geburtstage waren Höhepunkte in seinem Leben gewesen. Vor seinem inneren Auge sah er plötzlich seine behütete Kindheit in seinem Elternhaus in Bornheim auf der Berger Straße vor sich, sah seine beiden Schwestern Klara und Luise. Sie hatten als Kinder oft miteinander »Mensch ärgere dich nicht« gespielt. Immer wenn er eine Sechs gewürfelt hatte, war seine Freude groß gewesen. Er war meistens der Sieger und genoss den Neid seiner Schwestern. Während der Schulzeit beschäftigte er sich oft und gerne mit dem Schreiben von Geschichten. Seine Hefte waren vollgekritzelt mit kleinen Tieren und Menschen, die er in diesen Kurzgeschichten zum Leben erweckte.

»Was hast du bloß für eine blühende Fantasie«, hatten seine Lehrer gesagt. Seine Begabung konnte er im späteren Berufsleben gut gebrauchen. Manchmal schrieb er Berichte und Kurzgeschichten für Zeitungen, was ihm ein schönes zusätzliches Taschengeld bescherte. Manfred war stolz, dass seine Rätselbücher, die er sich für Kinder und Jugendliche ausgedacht hatte, sogar verkauft wurden. Mittlerweile fiel es ihm schwer, sich zu konzentrieren. Neue Geschichten hatte er sich schon lange nicht mehr ausgedacht. Ab und zu zeichnete er Tiere oder Blumen auf seinen Block, aber meistens war er mit dem Ergebnis unzufrieden. Früher hatte er eine Amsel perfekt gezeichnet, noch bevor sie vom Fensterbrett davongeflogen war. Aber jetzt zitterten seine Hände manchmal so stark, dass das Bild verwackelt aussah.

Manfred stellte sich die Altbauwohnung vor, in der die Familie damals gewohnt hatte. Er konnte sich kaum mehr daran erinnern. Nur das Gefühl von Wärme und Geborgenheit war ihm bis heute in Erinnerung geblieben. Die hohen Räume in der Anwaltskanzlei seines Vaters. Seine Mutter, die meistens eine Schürze trug, wenn sie in der Küche und im Haushalt werkelte. Der Kohleherd, aus dessen Backofen die leckeren Düfte nach Kuchen oder nach Braten entströmten. Manfred atmete tief ein und aus und merkte, dass es im Zimmer kühl war und dass er von Bratenduft nur träumen konnte. Hier im Wiesenhüttenstift wurde das Essen in großen Schüsseln auf einem Wagen hin- und hergeschoben, bevor es die Bewohner serviert bekamen. Für ihn roch es jeden Tag gleich. Hatte das Heim überhaupt eine Küche, in der noch richtig gekocht wurde? Er wohnte nun schon drei Jahre hier und hatte nie danach gefragt.

Als Kind hatte er mit Klara und Luise oft gestritten. Seine Schwestern waren beide seit vielen Jahren tot. Manfreds Freunde lebten nicht mehr. Er hatte alle überlebt. Da er nie verheiratet war, konnte er auch bei seinen Mitbewohnern im Altersheim nicht mit Fotos von Kindern, Enkeln und Urenkeln angeben.

»Bin ich wirklich ganz alleine auf dieser Welt?«, flüsterte er leise. »Oder gibt es noch jemanden, der an mich denkt?«

Der Schriftsteller-Verband »Goldene Feder« hatte ihn früher zu Lesungen verschiedener Autoren eingeladen. Aber seit er im Wiesenhüttenstift wohnte, bekam er keine Post mehr. Hatten sie ihn vergessen? Er wollte sich nicht beklagen, denn im Großen und Ganzen war er gesund und vor allem gut betreut und umsorgt. Leider fehlte ihm oft ein Gesprächspartner.

Vielleicht würde Enno heute Mittag nach der Schule zu Besuch kommen, obwohl heute Montag und nicht Dienstag war. Wusste er überhaupt, dass er heute Geburtstag hatte? Enno war für ihn ein Glücksfall. Mit einer Gruppe von Jungpfadfindern war er im vergangenen Jahr kurz vor Weihnachten zu Besuch ins Altenheim gekommen. Die Kinder und Jugendlichen hatten getreu ihres Mottos »Jeden Tag eine gute Tat« für die Senioren Weihnachtslieder gesungen und selbstgebackene Plätzchen an die Heimbewohner verschenkt. Manfred war aufgefallen, dass sie alle ein Handy in der Hand hielten, um ab und zu einen Blick auf das Display zu werfen.

Was gibt es darauf so Interessantes zu sehen?, hätte er sie gerne gefragt, aber er wollte sich nicht blamieren und blieb lieber still. Beim Abschied der Gruppe bedankte er sich höflich im Namen seiner Mitbewohner. Dann fasste er sich ein Herz und fragte mutig in die Runde: »Kommt jemand von euch im neuen Jahr wieder zu Besuch? Ich würde mich freuen.«

Die Kinder schauten einander stumm an und zuckten mit den Schultern. Manfred fragte weiter: »Spielt jemand von euch Schach? Ich suche schon seit längerer Zeit einen Schachpartner.«

Ein schlaksiger Junge lächelte ihn an. »Super, das passt, ich spiele nur mit dem hier.« Er zeigte auf sein Handy. »Haben Sie ein richtiges Schachbrett? Ich wollte schon immer mal gegen einen echten Partner spielen.«

»Ja klar, ich besitze mehrere Schachbretter. Wenn du wiederkommst, kannst du dir aussuchen, welches wir nehmen.«

Manfred war erstaunt gewesen, als der Junge Wort gehalten hatte. Seit einigen Monaten besuchte ihn der blonde Dreizehnjährige regelmäßig am Dienstagnachmittag. Diese gemeinsamen Stunden bedeuteten Manfred sehr viel. In der Cafeteria des Wiesenhüttenstifts kaufte er für Enno jedes Mal einen Schokoriegel. Manfred hatte Enno schon beim zweiten Besuch das Du angeboten.

»Wir sind jetzt Freunde, ich bin für dich der Manfred und du bist der Enno. Aber sag bloß nicht Opa oder Onkel zu mir«, bestimmte er resolut.

Es war eine ungewöhnliche Freundschaft, weil der Altersunterschied zwischen den beiden so groß war. Auch

Enno schien das zu spüren. Vielleicht gerade deshalb erzählte er Manfred viel aus seinem Alltag. Er legte dann immer den rechten Zeigefinger auf die Lippen. »Top secret«, sagte er verschwörerisch.

Manfred begriff, dass diese Geste in Ennos jugendlicher Umgangssprache zur Ankündigung von Geheimnissen diente. Durch ihre vielen Gespräche wurde ihm klar, dass Ennos Leben von den großen und kleinen Problemen in der Schule geprägt war und dass der Junge auf der Suche nach Antworten war, die ihm niemand gab. In der Carlo-Mierendorff-Schule, einer integrierten Gesamtschule, wo Enno fast den ganzen Tag verbrachte, waren alte Menschen kein Thema. Ennos Mutter war berufstätig und alleinerziehend und hatte selten Zeit für tiefsinnige Gespräche. Sein Opa lebte in Amerika und schrieb ihm nur zu Weihnachten und zum Geburtstag. Er kannte ihn nicht persönlich. Wenn seine Klassenkameraden von ihren Großeltern sprachen, konnte er nie mitreden, und Manfred spürte, dass Enno eine Oma oder einen Opa vermisste. Vermutlich deshalb wollte der Junge so viel über Gott und die Welt und vor allem über Manfreds Leben wissen.

Es klopfte an der Zimmertür und ohne ein »Herein!« abzuwarten, trat Schwester Käthe ins halbdunkle Zimmer. »Guten Morgen, Herr Saul, sind Sie schon wach?«, rief sie laut und zog mit Schwung die Vorhänge zurück.

Jäh wurden Manfreds Gedanken unterbrochen. »Nein, ich bin nicht schwach, mir geht's gut.«

Nur weil ich schlecht höre und tagsüber ein Hörgerät benutze, muss sie doch nicht so schreien, wenn sie mit mir spricht, dachte er.

»Ja, heute ist ein guter Morgen«, sagte er. »Ich habe Geburtstag.«

»Ich weiß! Sie sind unser ältester Bewohner im Haus. Das haben Sie ja toll geschafft. Einhundertundeins Jahre alt und noch so gesund, das schafft nicht jeder! Herzlichen Glückwunsch und alles Gute für die Zukunft.« Sie schlug die Bettdecke zurück.

»Welche Zukunft soll das sein?«, fragte er leise und lächelte sie an.

»Jetzt stehen wir mal auf und machen uns schön«, bestimmte sie, ohne ihm eine Antwort auf seine Frage zu geben. Manfred war ihre Kommandos gewöhnt und fügte sich wortlos.

»Überraschung! Heute haben wir noch viel vor«, jubelte sie.

»Ich möchte heute ein helles Hemd anziehen, und geben Sie mir bitte die dunkelblaue Stoffhose und die Strickweste«, bat er, während sie ihn mit einem lauten »Hau-Ruck« in den Stuhl neben seinem Bett hob.

»Ja, ja«, nickte sie abwesend, holte das Gewünschte aus dem Schrank und warf einen Blick auf ihr Handy. Dann half sie ihm beim Waschen und Ankleiden, kämmte sein graues, schütteres Haar und zeigte auf seinen Rollstuhl, der in der Ecke des Zimmers stand.

»Gleich kommt Verstärkung. Wenn wir zu zweit sind, setzen wir Sie in Ihren ›Mercedes‹, dann fahren wir Sie in den Speisesaal.«

Die Schwester eilte aus dem Zimmer und ließ Manfred mit seinen Gedanken alleine. Da saß er nun im

Lehnstuhl neben seinem Bett und wartete. Wieder beschlich ihn das Gefühl von Einsamkeit, das ihn traurig stimmte. Warum nur versagten seine Beine ihren Dienst? In solchen Momenten bedauerte er, dass er auf das Gefährt mit den zwei großen Rädern angewiesen war. Am linken Fuß hatte man ihm drei Zehen amputiert, als sie in der Kälte des russischen Kriegswinters abgefroren waren. Seit damals musste er Maßschuhe tragen, und oft hatten ihn seine Füße beim Laufen geschmerzt. Aber er wollte sich nicht darüber beklagen. Manchmal hatte der Rollstuhl auch etwas Gutes. Neulich hatte Enno ihn nach einer Partie Schach noch mit viel Schwung durch die langen Flure des Altersheims gefahren und ihn im Erdgeschoss in den Aufzug geschoben, wo er vom Rollstuhl aus die Knöpfe der einzelnen Stationen drücken konnte. Sein junger Freund war durchs Treppenhaus gespurtet und hatte ihn an einer anderen Station in Empfang genommen. Das war ein Riesenspaß für sie beide gewesen. Manfred hatte sich dabei so jung und frei gefühlt wie damals, als er als Jugendlicher am Bornheimer Hang für den Hindernislauf trainiert hatte.

Bei jedem seiner Besuche stellte Enno viele Fragen. »Sag mal, Manfred, warum hast du nie geheiratet? Du hast doch bestimmt mal eine Freundin gehabt? Und warum kommen keine Verwandten zu dir? Bei mir in der Klasse hat jeder irgendwelche Verwandte.«

»Ja du hast recht, die meisten meiner Mitbewohner bekommen ab und zu Besuch von ihren Kindern und Enkelkindern. Bei mir ist das etwas anderes. Ich habe keine Angehörigen, ich bin ganz allein. Aber das ist eine lange Geschichte, über die ich nicht sprechen will.«

»Wieso nicht? Ich erzähl's doch nicht weiter. Top secret!« Wieder einmal legte er den Zeigefinger auf seine Lippen. »Ich habe dir doch auch erzählt, dass Kevin neulich im Rewe eine Flasche Wodka geklaut hat.«

»Ja, aber das ist doch etwas ganz anderes. Hm, bei mir, … ich werde dir das erklären. Es war so …« Manfred zögerte lange mit der Antwort. »Ich hatte während meiner Schulzeit viele Freunde und auch Freundinnen. Mein allerbester Freund hieß Fritz. Ich konnte mit ihm alles besprechen. Fritz kannte meine Gefühle, er wusste, was ich dachte. Ich glaube, ich war sogar verliebt in ihn. Aber eine Liebe zwischen zwei Männern durfte es damals nicht geben. Das war verboten, nach Paragraf einhundertfünfundsiebzig. Aber das verstehst du nicht. Lass uns lieber noch eine Partie Schach spielen.«

»Dann erklär mir das bitte. Wir können doch nachher wieder spielen.«

»Wenn ein Mann in der Öffentlichkeit seine Gefühle zu einem anderen Mann zeigte, konnte er verhaftet werden und im Gefängnis landen. Heute ist das zum Glück nicht mehr so.«

»Ach, jetzt hab ich kapiert, was du meinst. Du warst schwul und hattest einen Freund. Aber das ist doch kein Ding. Kann man doch locker drüber reden! Bist du immer noch schwul?«

Manfred nickte. »Schwul ist man sein ganzes Leben lang. Das kann man nicht ablegen wie ein altes Jackett. Es dauert eine Zeit, bis man es selbst merkt.«

Er dachte daran, welche inneren Kämpfe er ausge-

fochten hatte, bis er sich seine Homosexualität einge-
standen hatte. Am Ende hatte er beschlossen, mit nie-
mandem darüber zu reden, selbst als der Krieg vorbei
war und liberalere Zeiten anbrachen. Auch während seiner Arbeit im Jugendhaus hatte er sein Geheimnis be-
wahrt. Er wusste genau, dass manche Menschen keinen
Unterschied machten zwischen einem homosexuellen
und einem pädophilen Mann. Sein ganzes Leben hatte er
versucht, freundlich, unauffällig und angepasst zu sein
und keinen Anlass für den geringsten Verdacht zu geben.
Ein Kampf im Verborgenen.

Eine Träne lief über sein faltiges Gesicht, als er Enno
stumm ansah.

»War es wirklich so schlimm?« Enno strich ihm behutsam und liebevoll über die alten Hände.

»Ja, das war es. Aber jetzt ist Schluss mit dem Thema,
Enno.«

»Wieso? Das interessiert mich. Wenn du mir nichts
erzählen willst, schau ich eben bei Wikipedia nach. Ist
doch Wahnsinn, wie man früher mit Schwulen umgegan-
gen ist, findest du nicht?«

»Ja, schon.« Manfred wollte kein weiteres Wort darüber verlieren.

Enno war dagegen noch lange nicht zufrieden. »Wie
konntest du überhaupt Soldat werden?«, fragte er. »Haben die nichts gemerkt?«

»Das ist alles schon so lange her, was soll ich dir darüber berichten?«

Ennos Fragen nach seiner Homosexualität und den
Geschehnissen des Krieges waren Manfred unangenehm.

Auch gehörte er nicht zu den Leuten im Wiesenhüttenstift, die permanent ihre Nöte und Beschwerden aufzähl-
ten. Normalerweise schwieg er zu all diesen Sachen, aber
ein paar Dinge konnte er Enno wohl ausnahmsweise erzählen.

»Nach dem Abitur auf dem Gagern-Gymnasium wurde ich eingezogen. So nannte man das. Die Ausbildung
beim Militär mussten alle jungen Männer absolvieren.
Das war Bürgerpflicht. Dann begann der Zweite Weltkrieg, und später kam ich nach Russland in Gefangen-
schaft. Schluss jetzt mit der Fragerei, ich will noch eine
Partie Schach mit dir spielen, bevor du wieder nach Hause musst.«

Manfred versuchte das Gespräch in eine andere Richtung zu lenken, doch Enno ließ nicht locker. »Was hast
du denn im Krieg gemacht? Hast du auch auf Menschen
geschossen?«

»Ja, das habe ich, und heute schäme ich mich dafür.
Ich kann es leider nicht mehr rückgängig machen.«

Nach dieser Antwort hatte ihn Enno ungläubig angeschaut und sich hastig verabschiedet. Manfred grübelte
über das Gespräch nach. War es für den Jungen Zeit geworden, um nach Hause zu gehen, oder war er enttäuscht von ihm und wollte nichts mehr von ihm wissen?

Endlich kam Dusan, der kroatische Altenpfleger, gefolgt von Schwester Käthe ins Zimmer.

Der Pfleger hob Manfred mit seinen starken Armen
in den Rollstuhl. »Bald bekommen wir Verstärkung. Die
Heimleitung will einen Pflegeroboter anschaffen, der die
alten Leutchen vom Bett in den Rollstuhl hievt.« Er

grinste, als er in Manfreds ungläubiges Gesicht sah. »So etwas gibt es wirklich. Ich freue mich schon darauf. Für uns wird das eine Arbeitserleichterung.«

Manfred war schockiert und nahm sich vor, seinen jungen Freund zu fragen, was er von diesem Gerede hielt.

Die Schwester schob Manfred in den Speisesaal, wo mehrere Mitbewohner an den gedeckten Tischen saßen. Manfreds Platz war mit Blumen geschmückt. Einige der Alten kamen an seinen Tisch und gratulierten ihm. Er freute sich darüber und genoss es, im Mittelpunkt zu stehen. Aber die anderen saßen stumm und teilnahmslos vor ihren Frühstückstellern und zeigten wenig Reaktion. Mehrere Schwestern und Pfleger des Wiesenhüttenstifts stellten sich neben seinen Tisch im Halbkreis auf und sangen »Viel Glück und viel Segen«. Manfred war gerührt über so viel Aufmerksamkeit. Das Frühstück schmeckte ihm besser als je zuvor.

Als er den letzten Schluck Kaffee getrunken hatte, kam ein Mann durch die Tür, den er sofort als den Frankfurter Oberbürgermeister erkannte. Manfred konnte vor Aufregung kaum sprechen, als er sich für den großen Geschenkkorb bedanken wollte, den der hohe Gast mit den besten Wünschen der Stadt vor ihm abstellte. Der Anblick der Leckereien löste bei Manfred Freude aus und machte ihn verlegen. Neben dem Oberbürgermeister stand eine junge Frau, die Manfred nicht kannte. Die Dame erklärte ihm, dass sie zum Vorstandsteam des Schriftstellerverbandes »Goldene Feder« gehöre, wo er mittlerweile das älteste Mitglied sei. Sie hatte ihn noch nie besucht, umso mehr freute er sich über den Bildband mit Fotos von der Neuen Frankfurter Altstadt, den sie ihm mitgebracht hatte. Er hatte in der Zeitung gelesen, dass man in dem Areal zwischen Braubachstraße und Römer die mittelalterlichen Häuser, die im Krieg zerstört worden waren, rekonstruiert hatte. Gerne würde er einmal einen Ausflug dorthin unternehmen, aber wie sollte das gehen? Ob ihn vielleicht jemand mit dem Rollstuhl in die Innenstadt fahren könnte? Ehe er noch danach fragen oder ein Gespräch anfangen konnte, waren die beiden Ehrengäste schon wieder verschwunden. Der Vormittag zog sich in die Länge, wie jeden Tag.

»Lesen Sie mal, was es Neues in Frankfurt und auf der Welt gibt«, sagte Dusan und legte zwei Tageszeitungen auf das Tischchen neben seinen Rollstuhl. Dann verschwand er eilig, um andere Mitbewohner zu versorgen.

Nach dem Mittagessen kam Manfred kaum zur Ruhe. An ein »Nickerchen« war nicht zu denken. Wo steckte sein junger Freund?

Endlich stand Enno in der Tür und drückte ihn heftig an sich. »Alles Gute zum einhundertersten Geburtstag«, sagte er. »Siehst du, du bist nicht allein!«

Mit seiner vom Stimmbruch gekennzeichneten tiefen Stimme brummte er »Happy Birthday to You« und überreichte ihm mit rotem Kopf ein zusammenklappbares Schachspiel. Die kleinen Figuren waren auf Magneten befestigt, damit sie, falls das Brett in Schräglage kam, nicht umfallen konnten.

»Wie praktisch«, sagte Manfred und bedankte sich gerührt: »Das ist mein allerschönstes Geburtstagsgeschenk«, flüsterte er.

Enno zeigte auf den Servierwagen, den zwei Altenpflegerinnen samt Kaffeegeschirr und Torte neben Manfreds Lehnstuhl geschoben hatten. »Jetzt essen wir ein Stück von deiner Geburtstagstorte. Zuerst musst du aber die Kerzen auspusten. Und dann spielen wir Schach auf dem neuen Schachbrett«, bestimmte er lachend.

Abschied von Oma

von
Milena Keimig

12

Es ist der vierte November 2016. Ich treffe mich mit meinem Vater, meinem Bruder und meinem Cousin im Hospiz Sankt Katharina. Sie sagten mir, es würde bald zu Ende gehen. Es ist achtzehn Uhr, draußen ist es schon dunkel, wie immer um diese Uhrzeit im Winter. Oma liegt in ihrem Einzelzimmer. Das Licht an der Decke leuchtet hell, und das Zimmer spiegelt sich in der Fensterfront, sodass man nicht viel von draußen sehen kann. Es ist alles sehr dunkel, ruhig und bedrückend. Sie sieht aus, als würde sie nur schlafen, aber ihre Hände sind blau und angeschwollen, und es riecht merkwürdig im Raum. Oma kann nicht mehr sprechen und hat die Augen geschlossen. Eine hölzerne Engelsfigur liegt in ihrer Hand, offenbar hat der Pfarrer oder eine der Pflegekräfte sie dort platziert. Man hört ihren Atem laut und deutlich. Ich möchte, dass sie mich in den Arm nimmt, aber das kann sie nicht. Sie soll mich nicht weinen hören, weil ich ihr keine Angst machen will. Trotzdem muss ich immer wieder weinen. Ich setze mich neben sie und halte ihre Hand. Die anderen sehen sehr traurig aus, sie sind ein bisschen unbeholfen und ratlos, als sie meine Tränen bemerken. Die Pflegekraft erklärt mir, wie ich am besten ihre Hand nehmen kann. Nicht von oben, als würde ich sie festhalten, sondern von unten, damit sie selbst entscheiden kann, wann sie gehen will. Es ist das erste Mal, dass ich jemanden sterben sehe. Es fühlt sich unwirklich an und macht mir Angst. Gleichzeitig bin ich erschrocken, dass es einen kleinen Teil in mir gibt, der neugierig wartet, was passiert. Ich möchte sie beschützen, aber ich kann nichts tun. Ich will ihr etwas aus der Fernsehzeitung vorlesen, irgendetwas, das sie beruhigt, falls sie Angst hat. Aber Papa sagt, ich soll ihr nicht irgendeinen Quatsch vorlesen. Er wirkt sauer, aber ich glaube, er unterdrückt nur seine Gefühle. Sie atmet seltener und der Abstand zwischen den Atemzügen wird immer länger.

Und dann folgt kein Atemzug mehr.

Es ist still und wir schauen uns an. Niemand sagt etwas. Ich beuge mich zu ihr und gebe ihr einen Kuss auf den Kopf und sage: Alles ist gut, du brauchst keine Angst zu haben. Wir sind bei dir. Und ich muss so sehr weinen, dass meine Worte nur gepresst hervorkommen, und ich wünschte, ich würde zuversichtlicher klingen.

Und dann ist der Moment vorbei, und sie ist weg.

Ich fühle mich verlassen und einsam und machtlos. Ich kann nicht aufhören zu weinen. Das Pflegepersonal kommt ins Zimmer, und ich flüchte nach draußen, um mir etwas zu trinken zu holen. Aber ich kann mich nicht konzentrieren, denn im Gemeinschaftssaal sind viele Leute, die mich mitleidig betrachten. Ich drehe wieder um, will jetzt niemanden sehen.

Das war das letzte Mal, dass ich Oma gesehen habe, denn nun fahren wir nach Hause.

Am nächsten Tag laufe ich an Omas Haus im Grüneburgweg vorbei. Es wohnt jetzt eine andere Familie darin. Ich kenne diese Familie nicht, aber ich mag sie nicht, weil sie mein Zuhause gestohlen hat. Fast mein ganzes Leben war ich so gut wie jeden Tag bei meiner Großmutter. Ich habe geklingelt und sie hat aus dem Fenster geschaut, um zu sehen, wer vor dem Haus steht. Dann hat sie gelächelt und sich gefreut und ist zur Tür gelaufen, um mir aufzumachen. Ich bin schon vorher über das Gartentor geklettert, wie ich es mir als Kind angewöhnt hatte. Ich durfte das und war stolz, weil meiner Oma das Haus gehörte.

Wenn ich heute über das Gartentor klettern würde, würde die neue Familie vermutlich die Polizei rufen. Dabei ist es doch eigentlich Omas und mein Gartentor. Aber ich muss nicht drüberklettern, weil sie gar nicht ans Fenster kommt, wenn ich klingele und sie auch nicht lächelt und sich freut. Diese Erkenntnis löst ein starkes Gefühl in mir aus, aber es ist stumm und ich kann es nicht fassen und verstehen.

Also laufe ich an Omas Haus vorbei. Ich würde gerne zwei Straßen weiter zu meiner Familie gehen. Aber auch das ist unmöglich, denn nach der Trennung meiner Eltern ein paar Monate vor Omas Tod wurde unser Haus ebenfalls an Fremde verkauft. Jetzt lebt jeder für sich alleine, meine zwei Brüder, Mama und Papa. Es ist dunkel, und ich nehme den Zug in die neue Stadt, in der ich jetzt wohne. Ich fühle mich sehr einsam und weiß nicht, wohin mit diesem Gefühl. Deswegen schreibe ich meiner Großmutter einen letzten Brief.

Liebe Oma,

als ich geboren wurde, hast du meinen Eltern sehr geholfen, weil du mit uns in den Park oder auf Spielplätze gegangen bist und auf uns aufgepasst hast. Mit vier saß ich oft in dem gemütlichen Kinderzimmer, das du für uns eingerichtet hattest, und spielte mit deinen alten Soldatenfiguren und Pferden, während du in der Küche für uns gekocht hast. Opa und du habt das Haus damals eigenhändig gebaut. Ich weiß noch, wie ich es mit fünf liebte, in eurem Schuppen herumzustöbern, um möglicherweise Spielsachen zu finden. Du hast uns damals einen Basketball und einen Korb gekauft. Als ich sieben war, habe ich dich auf dem Spielplatz weinen sehen. Ich bin zu dir gelaufen und habe gefragt, was los sei. Es war das Jahr, in dem Opa gestorben war, und du hast mir geantwortet, dass du nun für immer allein seist. Ich habe gesagt, dass du immer mich haben wirst und meinte es auch so. Ich habe dich damals schon sehr geliebt.

Als ich zehn war und sich die Grundschule dagegen ausgesprochen hatte, mich aufs Gymnasium zu schicken, hast du dich für mich eingesetzt und meinen Eltern klargemacht, wie clever ich bin. Wegen dir bin ich aufs Gymnasium gegangen. Ich verbrachte fast jedes Wochenende und unzählige Nachmittage bei dir. Ich wollte nicht, dass du allein bist.

Wenn ich lernen musste, warst du ganz still, du hast mich immer so lange schlafen lassen, wie ich wollte, hast Essen gekocht, und abends haben wir zusammen »Wer wird Millionär« gesehen. Manchmal haben wir auch zu Schlagermusik im Radio getanzt. Mir gefiel die Musik nicht sonderlich, aber du warst so glücklich, und ich habe mich darüber kaputtgelacht, wie du beim Tanzen aussahst. Jeden Abend, egal wie alt ich war, hast du mich ins

Bett gebracht und mir einen Gute-Nacht-Kuss auf den Kopf gegeben. Ich habe den Kuss schon lange nicht mehr gebraucht, aber ich glaube, du hast ihn gebraucht, deswegen war es in Ordnung. Ich habe dir jeden Abend erzählt, dass ich bei dir einziehen werde, wenn ich alt genug bin. Du hast nur gelacht und gesagt: Das werden wir sehen, wenn es soweit ist. Als ich zwölf war, begannen meine Eltern sich zu streiten. Ich habe dich sehr vernachlässigt in dieser Zeit, und das tut mir leid. Dann trennten sich meine Eltern, und du bekamst Krebs, und mir ging es sehr schlecht. Ich wünschte, ich wäre mehr für dich dagewesen. Das bereue ich bis heute. Dabei warst du doch immer meine beste Freundin. Ich hoffe, dass du das wusstest.

Als du gestorben bist, war ich bei dir und habe deine Hand gehalten, so wie ich es dir versprochen hatte, als ich sieben war. Es war nun an mir, dir den letzten Gute-Nacht-Kuss zu geben. Ich vermisse dich sehr.

Altes Haus

von

Claudia Sikora

13

Staubflocken tanzten im Licht der Sonne. Sie benötigte dringend eine neue Putzfrau. Vor einer Woche hatte Elisabeth, ihre treue Seele, aufgehört. Aus Altersgründen – wie sie behauptete.

Johanna schob die Kaffeekanne einige Millimeter nach links. So würde es Hans gefallen, er mochte es nicht, wenn nicht jedes Ding an seinem Platz stand. Jetzt stand sie mittig. Die FAZ lag aufgeschlagen vor ihr. Die Stille des Hauses dröhnte in ihren Ohren. An manchen Tagen fühlte sich diese Stille wie eine Substanz an, die sich unaufhaltsam verdichtete und ihr den Atem nahm. Johanna schnappte hörbar nach Luft, strich die Seiten glatt und rückte ihre Brille zurecht. »In Memoriam« stand in fetten Buchstaben oben links. Sehr schön. Die Anzeige nahm die halbe Seite ein. »In tiefer Trauer, deine Johanna« stand unter dem Text. Geschmackvoll und überhaupt nicht kitschig, wie sie fand.

»Hoffnung ist nicht die Überzeugung, dass etwas gut ausgeht, sondern die Gewissheit, dass etwas einen Sinn hat, egal wie es ausgeht. Václav Havel «

Diesen Spruch hatte sie alleine ausgesucht. Früher hatte Hans immer das letzte Wort gehabt. Johanna lächelte. Jetzt konnte er nichts mehr sagen. Sie seufzte. Er fehlte ihr. Seine dunkle Stimme, die wie ein Sommergewitter grollen konnte. Seine spitzen Bemerkungen genauso wie sein schiefes Lächeln, das so aussah, als ob er es sich mühsam abrang. Sie trank einen Schluck Kaffee, schmierte sich ein halbes Brot mit Margarine und einer Messerspitze Marmelade. Nun saß sie alleine hier. Auch Elli hatte sie im Stich gelassen.

Johanna studierte die Traueranzeigen. Vielleicht war jemand gestorben, den sie kannte. Sie könnte auf eine Beerdigung gehen. Unter Menschen kommen. Bloß raus.

Diese Anzeige war interessant: »Clemens Rosenbach«, ein ehemaliger Klient ihres Mannes. Die Beisetzung fand morgen um dreizehn Uhr auf dem Hauptfriedhof statt. Sicher würde es anschließend einen ordentlichen »Flenneskaffee« geben. Das war gut, dann hatte sie am Mittwoch etwas zu tun. Fein säuberlich notierte Johanna den Termin in ihren Kalender. Seit Elli aufgehört hatte, tat ihr die Stille des Hauses in den Ohren weh.

Konzentriert las sie die restlichen Anzeigen. Nichts weiter. Zu dumm, wie sollte sie nun den heutigen Tag herumbringen? Im Frühling wurde anscheinend weniger gestorben. Irgendwie schade, dabei war das Wetter wesentlich besser als im Winter.

Mechanisch räumte sie den Tisch ab. Die Sonne schien durch die Buntglasfenster im Flur. Ein perfekter Tag, um in den Park zu gehen und einen kleinen Bummel zu machen. Vielleicht traf sie ja die nette Frau mit dem Hündchen. Man konnte nie wissen. Wenn man zu Hause blieb, erdrückte einen die Stille.

Sie eilte die Treppe hinauf und zog sich eine dunkelblaue Hose und einen beigen Kaschmirpullover an. Seit sie die ersten Falten an ihrem Hals entdeckt hatte, trug sie am liebsten Rollkragen. Nur im Hochsommer verzichtete sie darauf und nahm stattdessen ein Halstuch oder einen dünnen Seidenschal, um den Krötenhals, wie sie ihn heimlich nannte, zu kaschieren. Sie konnte nicht verstehen, wie Frauen ihre faltigen Hälse auch noch mit dreireihigen Perlenketten dekorierten. Es gab doch andere Möglichkeiten. Man musste sein Alter ja nicht wie ein Schild vor sich hertragen.

Johanna warf einen Blick in den Spiegel. Mit den Fingern zupfte sie ihre goldblonden Locken in Form. Betonte ihre grünen Augen mit etwas brauner Wimperntusche und tupfte einen zarten Rosenholzton auf ihre schmalen Lippen und Wangen. Fertig. So konnte sie losziehen.

Sorgfältig schloss sie die Haustür zweimal ab, dann machte sie sich auf den Weg in den Grüneburgpark. Die Luft roch nach Frühling. In den Vorgärten blühten bereits Forsythien in strahlendem Gelb und leuchteten mit den üppigen Blütentrauben der Blutjohannisbeeren um die Wette. Im Park setzte sie sich auf eine Bank und fütterte die Tauben. Es war zwar verboten, doch sie mochte es, wenn die zutraulichen Tiere zu ihren Füßen um das Futter stritten. Mit Hans hatte sie immer gewettet, welches von den Tierchen sich durchsetzen würde. Der kalte Wind trieb sie von ihrem Platz. Eine ältere Frau in einem hellen Trench führte ihren Dackel aus. Kinder tobten auf dem nahegelegenen Spielplatz. Sie lachten und schrien wild durcheinander. Zwei junge Frauen saßen auf einer Bank und spielten mit ihren Handys. Sie selbst besaß kein Mobiltelefon. Hans hatte diese Geräte nicht gemocht, deshalb hatte er keins angeschafft. Sie hätte gerne ein Smartphone gehabt, aber wer sollte sie darauf anrufen? Ihre wenigen Freundinnen lehnten das »moderne Zeug« kategorisch ab. Dabei besaß ihre Freundin Margaret nicht nur ein Tablet, sondern auch das neueste iPhone, obwohl sie behauptete, dass sie das Handy eigentlich nicht brauche und es nur ihrem Sohn zuliebe mit sich führe. Aber Johanna wusste es besser. Margaret liebte das Teil. Sie spielte dauernd damit herum. Auch an ihren wöchentlichen Bridge-Abenden mochte sie das Ding nicht aus der Hand legen.

Johanna ging schneller. Sie fröstelte. Auf den Straßen herrschte reger Verkehr. Es klingelte, und eine Radfahrerin fuhr mit wehendem Schal an ihr vorbei. Sie zog ein kleines Wägelchen hinter sich her, in dem ein Kind saß. Die Kleine winkte Johanna zu. Johanna winkte zurück. Nach wenigen Minuten erreichte sie ihre Lieblingsboutique »Frauenbetriebe« in der Leipziger Straße.

»Guten Morgen, Frau Siebert«, begrüßte sie Frau Rassmussen, die Inhaberin. »Schön, Sie zu sehen. Gestern ist ein Teil der neuen Frühjahrskollektion eingetroffen. Ich habe eine wunderschöne Seidenbluse, die ist wie gemacht für Sie.«

Mit diesen Worten zeigte sie ihr eine dunkelgrüne Bluse mit dezentem Muster. Johanna war sofort in ihrem Element. Systematisch probierte sie die Kleidungsstücke und arbeitete sich durch die neue Ware wie andere durch einen Berg Akten.

»Sie sehen fantastisch aus. Einfach umwerfend, mit Ihrer Figur können Sie einfach alles tragen«, flötete Frau

Rasmussen ohne Unterlass. Sie wurde nicht müde, ihr immer neue Sachen herbeizuschleppen.

»Meinen Sie, dass ich das in meinem Alter noch tragen kann?« ‚fragte Johanna zweifelnd. Hans hätte die Farbe nicht gefallen, er hatte eine ausgeprägte Grün-Allergie.

»Ja, aber sicher. Die Farbe passt ausgezeichnet zu Ihrem Teint.«

Johanna schwitzte. Ihr taten die Füße weh. Die Umkleide war eng und stickig. Es wurde Zeit, dass sie aus dem Laden herauskam. Sie entschied sich für eine fliederfarbene Bluse, eine passende Hose, einen Schal, eine kurze Sommerjacke und einen dünnen Pullover. Zum Abschluss ihres eingespielten Rituals klingelte die Registrierkasse. Um fünfhundertneunundachtzig Euro leichter und zwei Tüten schwerer verließ Johanna den Laden. Jetzt benötigte sie erst einmal einen richtigen Kaffee und eine Kleinigkeit zu essen. Es war schon fast zwölf Uhr. Ihr Magen knurrte. Auf dem schmalen Bürgersteig drängten sich die Menschen. Eine Frau mit Kopftuch schob einen Kinderwagen, zwei Männer hielten sich an den Händen, ein junges Pärchen küsste sich immer wieder im Gehen. Einige Banker in dunklen Anzügen hetzten die Straße entlang.

Ich liebe mein Frankfurt, dachte Johanna. Es ist bunt, laut, vielfältig und nicht immer schön, so, wie das Leben auch.

»Suzanne takes you down to her place near the river …«, hallte es durch die Straße. Ein junger Mann mit dunklen Locken und braunen Augen spielte Gitarre und sang. Seine Stimme klang so warm wie ihre plüschige Alpakadecke, die zu Hause auf dem Sofa lag. Johanna blieb einen Augenblick stehen und lauschte.

»You can hear the boats go by,
you can spend the night forever
and you know she´s half-crazy
but that´s why you want to be there ...«

Den Song hatte sie lange nicht mehr gehört. Leonard Cohen. Sie mochte den Sänger, doch Hans konnte mit dem englischen Gedudel, wie er es nannte, nichts anfangen. Er liebte klassische Musik. Sie warf zwei Euro in den aufgeklappten Gitarrenkassen. Der junge Mann unterbrach sein Lied und bedankte sich bei ihr. Johanna lächelte. Es war niemand mehr da, der ihr verbieten konnte, ihm etwas zu geben.

Der Weg zum Café zog sich. Früher war sie die Strecke in fünfzehn Minuten gelaufen, heute benötigte sie fast eine halbe Stunde. Allerdings war das »Laumer« in der Bockenheimer Landstraße jede Anstrengung wert. Geschafft. Irritiert blieb sie stehen. Die Tür ließ sich nicht öffnen. Umständlich kramte sie ihre Brille aus der Tasche und setzte sie auf. Auf einem weißen Zettel stand: »Wegen Renovierungsarbeiten bleibt unser Geschäft bis auf Weiteres geschlossen.«

Was sollte das heißen? Die konnten doch nicht einfach so schließen? Was sollte sie jetzt machen? Sie hatte sich schon so auf einen anständigen Kaffee und eine Tomatensuppe gefreut. Wenn sie nicht zurück in ihr leeres Haus wollte, musste sie in ein anderes Café gehen. Doch in welches? Sie kannte sich nicht aus. Bisher war sie nach ihrem Einkaufsbummel immer im »Laumer« eingekehrt und dann nachhause gelaufen. Hans hätte Rat gewusst, er kannte alle Cafés in Frankfurt. Oft hatte er sie woandershin locken wollen, aber wenn sie sich einmal entschieden hatte, blieb sie treu.

Johanna blickte die Straße hinunter. Auf der anderen Seite sah sie in etwa zwanzig Meter Entfernung ein Schild: »Les deux messieurs« – ein merkwürdiger Name. Egal, sie konnte nicht wählerisch sein. Ihr tat der linke Fuß weh. Zum Glück war es nicht weit.

Johanna zögerte einen Moment, es kam ihr wie Verrat vor. Schließlich öffnete sie die Tür. Augenblicklich schlug ihr lautes Stimmengewirr entgegen. Das Café war gut besucht. Im Eingangsbereich dominierte eine lange Glastheke, gefüllt mit feinster französischer Confiserie: Macarons in allen Pastellfarben, Eclairs, Petit Fours, Tarte Tatin, Croissants, kleine Apfeltörtchen und Tarte au Citron. Über dem Verkaufstresen hingen prunkvolle Kronleuchter und verliehen dem Café einen Hauch von französischem Chic. Ein chromblitzendes Monster stand hinter der Theke. Es zischte und spuckte. Der Duft von frisch gebrühtem Kaffee, heißer Schokolade und Karamell erfüllte den Raum. Die Einrichtung war schlicht. Man hatte moderne Elemente mit alten Möbeln gemischt.

Johanna setzte sich an den einzigen freien Tisch und stellte ihre Tüten auf den Stuhl daneben. Die Karte las sich vielversprechend. Es gab zwar keine Tomatensuppe, aber dafür drei verschiedene Salatteller. Das war genauso gut. Salat hatte nicht viele Kalorien. Hans mochte keine fülligen Frauen.

»Entschuldigen Sie, ist hier noch frei?«, fragte eine junge Frau mit kratziger Stimme und strubbeligen roten Haaren, die in alle Richtungen abstanden. Auf ihrer mit Sommersprossen übersäten Himmelfahrtsnase trug sie eine grüne Brille. Über ihrer Schulter hing ein schwarzer Rucksack. Noch bevor Johanna antworten konnte, hatte sie sich einen Stuhl geschnappt und ließ sich fallen.

»Danke, ich bin ganz geschafft. Seit vier Stunden laufe ich durch Frankfurt auf der Suche nach einer Wohnung. Bei jedem Besichtigungstermin kämpfe ich mit fünfzig und mehr Interessenten um die Aufmerksamkeit des Maklers. Aber als angehende Studentin ohne reiche Eltern habe ich wohl keine Chance. Dabei fängt das Semester schon bald an.«

Sie zog ihren unförmigen Parka aus und hängte ihn umständlich über den Stuhl. Die junge Frau trug ein violettes Kleid, um den Hals hatte sie einen dunkelgrünen Schal geschlungen. Dazu rote Armstulpen und schwarze Strumpfhosen. An den Füßen leuchteten knallrote Stiefelchen mit dem Rosenmuster ihrer Strumpfhose um die Wette.

Johanna nickte kurz, dann widmete sie sich weiter der Speisekarte.

»Stellen Sie sich vor, die wollen für ein Zimmer in mieser Lage und ohne eigenes Bad oder Küche vierhundertfünfzig Euro haben und drei Monatsmieten Kaution,« erklärte die junge Frau aufgebracht. »Das kann doch niemand bezahlen! Dabei gibt es in Frankfurt genug Wohnraum, Sie müssen sich nur die Villen im Westend ansehen. Der reine Wahnsinn.«

Was sollte sie dazu sagen? Johanna senkte den Kopf und vertiefte sich weiter in die Speisekarte. Anscheinend merkte das Mädchen nicht, dass sie nicht mit ihr reden wollte. Im Café Laumer wäre ihr das nicht passiert.

Die Bedienung trat an ihren Tisch und nahm ihre Bestellung auf.

Ohne Pause redete die junge Frau weiter. »Aber ich gebe nicht auf. Ich verlasse mich auf mein Gefühl. Heute Morgen bin ich aufgestanden und habe gedacht, diesmal wird es klappen. Ich muss nur dranbleiben und darf nicht aufgeben. Kennen Sie das?« Das Mädchen lächelte.

Hoffentlich kommt das Essen bald, dachte Johanna. Was sollte sie der jungen Frau antworten? Dass sie alleine in einem riesigen Haus lebte? Wohl kaum. Sie blickte aus dem Fenster.

»Ich heiße Anna.« Die junge Frau streckte ihr die Hand entgegen. »Aber Sie können auch Ann zu mir sagen, meine Freunde sagen Ann.«

»Siebert, Frau Siebert«, antwortete Johanna automatisch und schüttelte die ausgestreckte Hand.

»Es freut mich, Sie kennenzulernen, Frau Siebert. Ich kenne noch nicht viele Menschen in Frankfurt. Alle sind so reserviert, wissen Sie? Daran muss ich mich erst noch gewöhnen.«

»Das kann ich mir gut vorstellen. Es ist nicht einfach, neue Kontakte zu knüpfen, ich habe lange gebraucht, hier heimisch zu werden. Jetzt liebe ich die Stadt!«

Johanna schaute auf den Tisch, rückte das Besteck zurecht. Ihre Hände waren feucht. Was ist mir da nur entschlüpft? Am liebsten hätte sie ihre Worte genommen und sie zurück in den Mund gestopft. Sie wollte nicht mit dieser jungen Frau sprechen, sie kannte sie doch gar nicht. Manchmal rutschte ihr einfach etwas heraus. Du sollst erst denken, dann reden, hätte Hans gesagt und nachsichtig gelächelt. Sie schüttelte den Kopf und schaute sich hilfesuchend im Raum um. Es duftete köstlich nach gebratenem Speck. Ihr lief das Wasser im Mund zusammen. Endlich steuerte die Kellnerin mit einem großen Teller Salat auf ihren Tisch zu. Gott sei Dank, Rettung in letzter Minute. Johanna stürzte sich auf ihren Salat.

Das hielt diese Anna jedoch nicht davon ab, weiter auf sie einzureden. Nach knapp fünfzehn Minuten kannte sie deren gesamte Lebensgeschichte, und wenn sie noch länger geblieben wäre, hätte sie ihr wahrscheinlich auch noch das ein oder andere entlockt. Anna schien sehr interessiert an ihrem Leben zu sein. Was wollte sie nur von ihr? Johanna verschlang ihre Portion. Kaum hatte sie das letzte Blatt gegessen, verlangte sie die Rechnung, zahlte und verließ das Bistro.

Ohne die Umgebung richtig wahrzunehmen, eilte sie nachhause. Ihr Herz raste, ihre Gedanken drehten sich im Kreis. Im Gegensatz zu der Studentin Anna hatte sie ins Hotelfach gehen wollen und wurde von ihren Eltern zum Studium gezwungen. Sie hatte Kunstgeschichte studiert und Hans kennengelernt. Wie ihr Leben wohl verlaufen wäre, wenn sie ein Hotel geführt hätte? Vielleicht hätte sie einige Jahre im Ausland gelebt. In Italien oder in der Schweiz. Johanna schüttelte den Kopf. Diese Gedanken führten zu nichts. Sie hatte ihr Leben gelebt. Sie hatte einen respektablen, gut situierten Mann geheiratet. Sie lebte in einem wunderschönen Haus und hatte sich immer alles leisten können. Hans verdiente als Juraprofessor sehr gutes Geld. Sie hatte ihm den Rücken freigehalten, ihn verwöhnt, ihm jeden Wunsch erfüllt. Fast jeden, dachte sie bitter. Seinen sehnlichsten Wunsch hatte sie ihm nicht erfüllen können. Ihr Schoß war leer geblieben.

Johanna stieg die Treppe hoch. Ihre Schritte hallten laut in dem leeren Haus. Sie musste sich hinlegen. Ihr war schwindelig. All diese Erinnerungen taten ihr nicht gut. Entschlossen zog sie die dunkelroten Seidenvorhänge zu und legte sich auf die Chaiselongue. Nur ein wenig ausruhen. Schon bald war sie eingeschlafen.

Als sie am Nachmittag aufwachte, fühlte sie sich wie gerädert. Ihre Zunge klebte am Gaumen, der Geschmack von altem Käse füllte ihren Mund. Ihr Kopf schmerzte. Vielleicht sollte sie einen Termin bei Dr. Heller machen und sich gründlich untersuchen lassen. Bestimmt war es ihr Herz. Irgendetwas war nicht in Ordnung. Sie fühlte sich so schwach. Dr. Heller wurde zwar nicht müde zu behaupten, sie sei kerngesund, aber bestimmt irrte er sich. Ihr fiel es schwer aufzustehen. Sie kam schnell aus der Puste und musste sich immer häufiger ausruhen.

Johanna machte sich einen Tee und setze sich in ihr Arbeitszimmer. Dann rief sie all ihre Ärzte an und vereinbarte Termine. Als das geschafft war, fühlte sie sich erleichtert. Die nächsten sechs Wochen hatte sie zu tun. Fein säuberlich trug sie die Termine in ihren Kalender ein. Langsam füllten sich die leeren Seiten. Anschließend rief sie bei einer Agentur an, die Haushaltshilfen vermittelte. »Keine freien Ressourcen,« ließ die unfreundliche Dame am anderen Ende der Leitung verlauten. Man könne ihr nicht weiterhelfen. Wie bitte, das war doch nicht möglich? Johanna knallte verärgert das Telefon auf die Station.

Was sollte sie jetzt tun? Ohne Elli war sie aufgeschmissen. Vielleicht konnte ihr das Arbeitsamt eine Hausdame vermitteln. Sogleich wählte sie die Nummer. »Wenn Sie eine Stelle möchten, drücken Sie die Eins, wenn Sie eine Auskunft zu Ihrem Fall wünschen, drücken sie die Zwei, wenn Sie ...«

Frustriert legte Johanna auf. Sie hatte genug für heute. Morgen war auch noch ein Tag. Sie machte sich eine Kleinigkeit zu essen und schaltete ihre Lieblingssendung ein – »Bares für Rares«. Später würde sie »Die Zeit« lesen. Pünktlich um dreiundzwanzig Uhr deckte sie ihre Bettseite auf und schlüpfte unter die Decke. Regen trommelte gegen die Scheibe. Johanna lag lange wach. Diese Anna ging ihr einfach nicht aus dem Kopf.

Ding dong, ding dong ... das Klingeln der Türglocke riss sie aus dem Schlaf. Johanna öffnete die Augen. Wer konnte das sein? Sie erwartete niemanden. Seit Hans verstorben war, schaute keiner mehr vorbei. Die Paare mieden sie wie die Pest, und ihre wenigen Freundinnen ließen sich lieber von ihr besuchen. »Dein Haus ist gespenstisch leer«, hatte ihr Dorothea einmal gesagt.

Ding, dong. Der Besucher war hartnäckig. Die Klingel schallte durch ihr Heim. Johanna zog sich einen Bademantel über und eilte die Treppe hinunter.

»Ich komme!«, rief sie, obwohl sie wusste, dass sie wahrscheinlich niemand hören konnte. Die Villa hatte dicke Wände. Sie lugte durch den Spion und traute ihren Augen nicht: Anna stand triefend nass vor ihrer Tür. Wasser tropfte aus ihren Haaren und lief ihr über das Gesicht. Was wollte sie von ihr? Sie klingelte erneut.

Das arme Ding war ganz nass. Sie würde sich noch eine Erkältung holen.

Johanna öffnete vorsichtig den Eingang, als wollte sie das Erscheinen von Anna noch ein wenig hinauszögern.

Feuchte Kälte drang in den Flur. Anna hielt ihr zwei Tüten vor die Nase. »Hallo, Frau Siebert, Sie haben Ihre Einkäufe vergessen, gestern in dem Café. Ich bin Anna, erinnern Sie sich noch an mich? Ich wollte Ihnen nur die Sachen geben. Darf ich kurz reinkommen? Es regnet.«

Johanna machte einen Schritt zur Seite, ließ Anna eintreten, dann schloss sie die Tür. Es roch nach Veilchen.

»Sie sind ja ganz nass. Kommen Sie, ziehen Sie den Mantel aus. Ich hole Ihnen ein Handtuch.«

Kurz darauf kam sie mit zwei Badetüchern zurück. Anna stand immer noch an der gleichen Stelle. Sie schaute sich mit großen Augen um.

»Wow, das nenne ich mal eine Hütte, äh, Verzeihung, Sie haben ein sehr schönes Haus und so groß.«

»Gefällt es Ihnen?«

»Ob es mir gefällt? Es ist der Wahnsinn, ich meine, es ist einfach nur der Hammer.«

»Kommen Sie, ich zeige Ihnen den Rest, wenn Sie

möchten. Hätten Sie gern einen Kaffee?«

Anna starrte sie ungläubig an. »Abgefahren, und ob! Kaffee wäre toll, haben Sie vielleicht auch Kakao?«

»Ich weiß nicht genau. Elli ist weg, ach, was rede ich, es wird sich schon etwas finden.«

Anna zog ihre nassen Schuhe aus. Auf dem Parkett hatte sich eine Pfütze gebildet. Sie bückte sich und versuchte, mit ihrem Schal das Holz trocken zu reiben.

»Haben Sie bitte noch ein Handtuch für mich? Ich möchte den Boden nicht beschädigen. Ich bin tropfnass.«

Johanna ging in die Küche und holte einen Lappen. Das Mädchen war wirklich sehr anständig, Johanna war beeindruckt. Das hätte sie nicht erwartet. Sie hatte den Verlust der Tüten überhaupt nicht bemerkt. Johanna zeigte Anna das Haus.

»Leben Sie hier denn ganz alleine?«, fragte die junge Frau, als sie nach der Besichtigung in der Küche bei einer Tasse Kaffee saßen.

»Ja, seit dem Tod meines Mannes lebe ich alleine. Er ist vor zehn Jahren gestorben. Gestern war sein Todestag. Da schalte ich immer eine Anzeige in Erinnerung an ihn. Wollen Sie sie einmal sehen?«

»Ja, sicher. Ich wusste gar nicht, dass man nach so vielen Jahren immer noch Anzeigen aufgibt.«

»Ich gebe jedes Jahr eine Anzeige für ihn auf.« Johanna öffnete die Schublade des Küchentischs und holte ein in Leder gebundenes Buch mit Goldkante heraus. Sie hielt Anna das Buch hin. Auf jeder Seite war eine fein säuberlich ausgeschnittene Anzeige eingeklebt. Darunter

stand in akkuraten Druckbuchstaben das Erscheinungsdatum.

»Hier sehen Sie, das war die erste Anzeige, da habe
ich sein Lieblingszitat verwendet. Im zweiten Jahr habe
ich selbst einen Baum für ihn gezeichnet, eine Linde – er
hat Linden geliebt. Unter einer Linde hat er mir die Frage
aller Fragen gestellt. Sehr romantisch, nicht wahr?«

Anna schaute sie an »Sie vermissen ihn?«

»Ja, jeden Tag. Das Haus ist so leer, seit er gegangen
ist. Manchmal unterhalte ich mich mit ihm. Natürlich
nicht laut, sondern in meinem Kopf. Ich höre seine
Stimme. Höre das, was er gesagt hätte. Warten Sie, ich
zeige Ihnen mein neuestes Werk.«

Johanna holte die Zeitung von der Anrichte und zeigte der jungen Frau die Annonce. »Wie finden Sie den
Text?«

»Richtig geil, äh, geschmackvoll und so tiefgründig.«
Anna nahm einen Schluck Kaffee und schaute durch das
große Küchenfenster in den Garten. »Es muss sehr einsam sein, hier alleine zu wohnen. Warum laden Sie sich
niemanden ein?«

»Ach, wenn das so einfach wäre. Nicht mehr alle
Freunde leben, ich habe keine Kinder, Paare bleiben in
meinem Alter lieber unter sich. Es ist nicht leicht. Wen
sollte ich einladen und zu was?«

»Das ist sehr traurig. Mir kommt es vor, als schreie
das große Haus geradezu nach Gesellschaft. Wissen Sie,
wie ich das meine?«

Johanna schaute auf die Uhr, es war bereits kurz vor
eins. Die Beerdigung von Clemens Rosenbach hatte oh-

ne sie begonnen. Sie lächelte. Die Zeit war wie im Flug vergangen. Das seltsame Mädchen saß in ihrer Küche, und sie unterhielten sich angeregt. Es war überhaupt nicht langweilig, und es ging endlich einmal nicht um Krankheiten. Mit ihren Freundinnen kam es ihr oft so vor, als ob sie »Krankenskat« spielten. An den Bridge-Abenden erzählte jede von ihren Gebrechen, wer mehr vorweisen konnte, gewann. Sie verlor meistens. Sie war zu gesund.

»Entschuldigen Sie, Frau Siebert, ich wollte Ihnen nicht zu nahe treten.«

»Nein, nein, schon gut. Sie haben ja recht. Ich bin oft allein. Aber ich kann es leider nicht ändern.«

»Glauben Sie an Fügung? Also ich schon, ich denke, dass es kein Zufall war, dass wir uns begegnet sind. Ich benötige dringend eine Wohnung, und Sie brauchen Gesellschaft. Wir könnten uns gegenseitig helfen. Was meinen Sie, Frau Siebert?«

Johannas Herz schlug bis zum Hals. Sie schaute Anna prüfend an. Hans wäre dagegen gewesen. Sie hörte seine warnende Stimme in ihrem Ohr: »Die Kleine hat es nur darauf angelegt, sie wird dich ausnehmen. Wenn du ihr den kleinen Finger reichst, frisst sie die ganze Hand.«

Johanna knetete ihre Hände und seufzte. *Du* musst hier nicht alleine leben, Hans, du bist auf und davon. Sei still. Das muss ich alleine entscheiden.

»Also gut, versuchen wir es«, sagte sie. »Sie können hier wohnen. Sie bekommen ein Zimmer und ein eigenes Bad. Es gibt drei Bäder.«

Anna starrte sie an und nickte, ihr Mund stand offen.

»Die Küche teilen wir. Ich bin nicht darauf angewiesen, dass Sie Miete zahlen, aber Sie halten sich an die Hausregeln: Keine Partys, keine Männerbesuche. Wenn Sie etwas kochen, dann räumen Sie hinter sich auf. Wenn Sie länger weg sind, sagen Sie mir Bescheid. Außerdem gehen Sie mir mit dem Haushalt zur Hand. Dann versuchen wir es für drei Monate.« .

Anna sprang auf und fiel ihr um den Hals. Sie tanzte durch die Küche und zog Johanna vom Stuhl. »Sie sind wundervoll, danke, danke, danke, das werden Sie nie bereuen. Das verspreche ich Ihnen.« Sie gab ihr einen Kuss auf die Wange. »Ich habe eine Wohnung, ich kann es nicht fassen! Kann ich gleich einziehen, die letzten Tage habe ich draußen geschlafen?«

Johanna hörte, wie Hans versuchte, ihr dazwischenzuquatschen, doch zum ersten Mal seit langer Zeit vernahm sie seine Stimme leiser und ihre eigene lauter.

»Komm, Anna, wir wollen mal sehen, welches der vielen Zimmer das richtige für dich ist.«

Gemeinsam gingen sie die Treppe hinauf. Die Sonne schien durch die Buntglasfenster. Das Haus knarrte zufrieden. Vielleicht kann ich hier eine kleine Pension für Studenten einrichten, überlegte Johanna. Anna wäre sicher begeistert und würde ihr helfen.

Johanna lachte. Hell und laut.

Wer Schmetterlinge lachen hört

von

Karin Rödder

14

War es nur eine Affäre oder der Beginn einer Beziehung? Sie würden beide Gelegenheit haben darüber nachzudenken.

Der Abschied war liebevoll gewesen. Die gemeinsam verbrachte Zeit auf dem Kreuzfahrtschiff blieb in guter Erinnerung. Sie hatten sich als Tischnachbarn beim Dinner kennengelernt, waren ins Gespräch gekommen und verbrachten anschließend den Abend miteinander in der Bar bei Livemusik. Sie stellten fest, dass sie beide begeisterte Kreuzfahrer waren. Vor dem Schlafengehen verabredeten sie sich für den nächsten Tag zu einem gemeinsamen Landausflug. Von da an trafen sie sich täglich zu Unternehmungen oder gemeinsamen Abenden.

Wilma hatte die Anschlussreise bis nach St. Petersburg und weiter über Helsinki und Stockholm nach Kiel gebucht. Norbert reiste schon nach der ersten Etappe mit dem Zug von Kiel nach Frankfurt. Sicher, sie freute sich auf die neuen Eindrücke, Städte und Länder, doch mit Norbert wäre es bedeutend schöner gewesen. Wie schnell sie sich daran gewöhnt hatte, nicht mehr allein zu sein. Das machte sie nachdenklich. Vielleicht auch ein wenig ängstlich..

Manchmal kamen Wilma Zweifel, ob sie sich auf eine neue Beziehung einlassen sollte und wollte. Schließlich war sie siebenundsechzig Jahre alt und schon lange

Rentnerin. Machte sie sich womöglich lächerlich? Was würden ihre Kinder dazu sagen? Freuten sie sich mit ihr, oder würden sie versuchen, ihr die Beziehung auszureden? Es gab so viele offene Fragen. Sie wollte Norbert auf jeden Fall noch besser kennenlernen.

Auch Norbert dachte über sein Verhältnis zu Wilma nach. Sie gefiel ihm ausnehmend gut. Sie war fröhlich, humorvoll und selbstständig, ging aber auch auf seine Bedürfnisse ein. Er wollte sie verwöhnen und mit seinen Ideen überraschen. Sie hatten jetzt Zeit, über eine gemeinsame Zukunft nachzudenken. Nach Wilmas Rückkehr konnten sie ihre Gedanken austauschen.

Norbert stand mir klopfendem Herzen an Gleis 6 des Frankfurter Hauptbahnhofs und wartete auf Wilma, die mit dem ICE aus Kiel kommen würde. Er freute sich sehr auf das Wiedersehen. Wie es Wilma wohl ergangen war? Sie waren während ihrer Reise per WhatsApp und SMS in Kontakt geblieben. Sie hatte ihm erzählt, dass sie ihren Beruf als leitende Buchhalterin in einer mittelständischen Fabrik geliebt hatte, aber einem jüngeren Kollegen vorzeitig Platz machen musste. Sie kannte sich in betriebswirtschaftlichen Belangen und Zusammenhängen aus, was es ihm leicht gemacht hatte, von seinem eigenen Leben zu erzählen. Er hatte seine Firma für Werkzeugbau von seinem Vater übernommen und erfolgreich ausgebaut.

Wilma sah Norbert schon von weitem am Ende des Bahnsteigs stehen. Sie hatte nicht damit gerechnet, von ihm abgeholt zu werden und fühlte Schmetterlinge im Bauch flattern. War das ein gutes Zeichen? Eine herzliche Umarmung zur Begrüßung bestätigte ihr Gefühl.

»Meine Liebe, herzlich willkommen zu Hause.« Norbert strahlte sie an.

»Danke«, erwiderte Wilma. »Ich freue mich, wieder daheim zu sein, habe aber nicht damit gerechnet, so freundlich empfangen zu werden.«

»Wie war deine Heimfahrt?« Er schaute sie fragend an.

»Ach, eigentlich ganz gut. Vielleicht ein bisschen lang und ermüdend. Jetzt habe ich es ja geschafft.«

»Was möchtest du machen? Direkt nach Hause fahren, oder sollen wir noch irgendwo essen gehen und unser Wiedersehen feiern?«

»Wenn du mich so fragst, komme ich gerne mit zum Essen. Im ICE hat mich das kulinarische Angebot nicht überzeugt.«

»Dann mache ich folgenden Vorschlag: Ich bringe dich nach Kronberg, dann bist du schon beinahe zu Hause. Wir gehen dort in ein Restaurant deiner Wahl, da ich mich in der Stadt nicht gut auskenne. Ich lasse mich gern überraschen.«

»Danke, Norbert, das ist eine hervorragende Idee. Ich weiß auch schon, wo wir gutes Essen bekommen. Du kannst zwischen Fisch-, Fleisch- und vegetarischen Gerichten wählen. Und ich wohne fast um die Ecke.«

Norbert nahm Wilmas Koffer und führte sie zu seinem Auto. Die Fahrt nach Kronberg war angenehm. Sie redeten nicht viel, stattdessen herrschte einvernehmliches Schweigen. Wilma dirigierte Norbert durch die Altstadt zum Philosophenweg, wo er direkt vor ihrer Garage einen Parkplatz fand. Den Koffer stellten sie im Haus ab. Sie erzählte ihm, dass sie das Haus von ihren Eltern geerbt und nach ihrer Scheidung bezogen habe. Während sie sich im Bad erfrischte, bewunderte Norbert die Aussicht auf das bewaldete Tal.

»Du hast hier einen tollen Ausblick«, sagte er, als sie zu ihm ins Wohnzimmer zurückkam.

»Ja, ich genieße den Anblick jeden Tag. Es gibt immer wieder etwas Neues zu entdecken, und der Wald wirkt auf mich sehr beruhigend. Von mir aus können wir gehen. Wir laufen zum Restaurant, dann lernst du gleich einen Teil von Kronberg kennen.«

Sie passierten einen alten Torbogen, der früher einmal als Stadttor gedient hatte, und schauten in die engen gepflasterten Gassen und zu den alten Fachwerkhäusern, die mit Blumen und Grünpflanzen geschmückt waren.

Im Restaurant »Zum grünen Wald« fanden sie einen freien Tisch. Als Begrüßungstrunk bestellte Norbert Champagner.

»Erzähl mir von deiner Reise. Wie hat dir St. Petersburg gefallen?«

»Ich weiß nicht, ich kann mich nicht entscheiden, ob mir die Stadt gefällt oder nicht. Die historischen Prachtbauten waren alle wunderbar gepflegt und restauriert. Aber sobald ich in eine Nebenstraße blickte, sah ich in den Häusern noch Einschusslöcher aus dem Zweiten Weltkrieg. Auch in den Straßen und Gehsteigen gab es genug Schlaglöcher, sodass ich genau hinsehen musste, um nicht zu stolpern. Bin ich jetzt zu kritisch?« Sie sah ihn unsicher an.

»Mir geht es ähnlich, wenn ich an St. Petersburg denke«, stimmte er ihr zu. »Wie erging es dir in Helsinki und Stockholm?«

»Beide Städte haben mir gut gefallen. Vor allem die Felsenkirche in Helsinki fand ich wundervoll. Was, denkst du, wurde dort als Hintergrundmusik gespielt? Richtig! Das ›Ave Maria‹ von Schubert. Man bekommt schon ein bisschen Gänsehaut in dieser Kirche.«

»Ja, das kann ich nachempfinden. Es ist schon eine Weile her, dass ich dort war. Habe aber die Stadt in guter Erinnerung.«

Der Champagner wurde serviert. Norbert lächelte sie an. »Nochmals herzlich willkommen zu Hause. Ich bin froh, dass du wieder da bist. Ich hoffe, wir können viel gemeinsam unternehmen.«

»Ja, das wünsche ich mir auch. Hast du schon konkrete Pläne, was wir alles anstellen können?«

»Mir ist da so einiges eingefallen. Lass dich überraschen.« Er hob das Glas, um mit Wilma anzustoßen.

»Also gut«, sagte sie. »Ich habe auch Ideen, wie wir unsere Freizeit gestalten können. Allerdings möchte ich meine Enkelkinder nicht vernachlässigen. Sie sind mir sehr wichtig.«

»Das sollst du auch nicht. Vielleicht kann ich sie einmal kennenlernen? Dann könnten wir hin und wieder gemeinsam mit ihnen spielen. Du weißt, dass ich meinen Enkel sehr, sehr selten sehe. Eigentlich kenne ich ihn gar nicht richtig, weil meine Tochter ihm nicht erlaubt, mich zu besuchen.«

Sein Gesicht war plötzlich traurig geworden. Wilma drückte mitfühlend seine Hand.

»Ich weiß, dass es dir sehr zu schaffen macht, dass du dich nicht mit ihm beschäftigen kannst. Ich sollte nicht so begeistert von meinen Enkelkindern erzählen, sonst wird dir erst richtig bewusst, was du versäumst. Tut mir leid.«

»Lass uns heute bitte nicht darüber reden. Ich möchte mit dir zusammen sein und deine Heimkehr gebührend feiern.«

Das Essen war hervorragend. Norbert hatte sich Rumpsteak bestellt und Wilma »Züricher Geschnetzeltes«. Danach meinte sie, der Tag sei lang und anstrengend gewesen und sie würde sich gerne ausruhen. Norbert zeigte Verständnis, auch wenn er insgeheim gehofft hatte, noch eine Weile mit ihr verbringen zu können. Nun, sie würden noch viel Zeit füreinander haben. Er wollte Wilma nicht unter Druck setzen. Aus früheren Gesprächen wusste er, dass sie grundsätzlich zweifelte, eine neue Beziehung einzugehen. Er würde sich gedulden müssen und sie nach und nach überzeugen. Mit einer Umarmung und einem Kuss auf die Wange verabschiedete er sich. »Ich rufe dich morgen an. Erhol dich und schlaf gut.«

Wie versprochen rief Norbert am nächsten Tag an. Wilma verabredete sich mit ihm für das Wochenende, um einen Spaziergang oder eine kleine Wanderung zu machen. In der Zwischenzeit besuchte sie ihre Tochter Cornelia und ihre Enkelkinder Manuela und Florian. Die Kinder begrüßten sie begeistert. »Omama, wir haben dich vermisst.«

Wilma drückte sie fest an sich. »Ich habe euch auch sehr vermisst und freue mich riesig, euch wiederzusehen.«

Cornelia schaute sie nachdenklich an: »Du wirkst anders, verändert. Geht es dir gut?«

Wilma staunte über die Beobachtungsgabe ihrer Tochter. Hatte sie sich wirklich so verändert, dass es Cornelia sofort auffiel? Als die Kinder mit den Mitbringsel in ihre Zimmer zum Spielen gingen, fragte Cornelia nach: »Wie war dein Urlaub. Hast du nette Leute kennengelernt?«

Wilma überlegte kurz, ob sie ihrer Tochter etwas vorflunkern sollte. Aber sie hätte sich sicher bald verraten. »Ja, ich habe sehr nette Leute getroffen. Auch einen Mann, mit dem ich mich gut verstanden habe.«

»Und?«, hakte Cornelia nach.

»Was, und?«

»Naja, da fehlt doch noch etwas. Welchem Mann bist du begegnet? Möchtest du mir von ihm erzählen, oder soll es ein Geheimnis bleiben?«

Wilma seufzte. »Ich glaube, ich bin dabei mich zu verlieben. Und das in meinem Alter! Immerhin bin ich schon Rentnerin.«

»Aber Mutti, das Alter spielt doch keine Rolle, wenn man sich verliebt.«

»Du bist nicht entsetzt?« Sie schaute ihre Tochter

ängstlich an.

»Nein. Auch in deinem Alter bist du ein Mensch mit Gefühlen. Warum nicht noch einmal solche Empfindungen spüren. Ich wünsche dir von ganzem Herzen, dass du glücklich bist. Du hast es verdient.«

Wilma nahm ihre Tochter in den Arm. »Danke. Ich bin sehr erleichtert, dass du so denkst. Glaubst du, dass Christian es auch versteht?«

»Ich bin sicher, dass mein Bruder ähnlich denkt wie ich. Im Übrigen ist es dein Leben. Du sollst so leben, wie es dir gefällt. Wir kommen damit zurecht.«

Wilma blinzelte die aufkommenden Tränen weg. »Cornelia, meine Familie kommt immer an erster Stelle. Daran wird sich nichts ändern. Ich möchte meine Freizeit gemeinsam mit Norbert, so heißt der neue Mann in meinem Leben, verbringen. Zu zweit ist es auf jeden Fall schöner, als allein etwas zu unternehmen.«

Die Kinder stürmten ins Zimmer: » Omama, spielst du mit uns?«

»Wie heißt das Zauberwort?« fragte Cornelia.

»Bitte, Omama.«

Wilma schmunzelte still vor sich hin. »Klar spiele ich mir euch. Auf geht's.«

Norbert empfand das Wochenende mit Wilma sehr harmonisch. Am Samstag spazierten sie den Philosophenweg entlang zum Opelzoo. Norbert kannte den Tierpark noch nicht, und Wilma führte ihn herum. Sie kannte den zoologischen Garten von vielen Besuchen mit ihren Enkelkindern. Am frühen Abend aßen sie in der »Lodge«.

Norbert erzählte von seiner Familie. »Meine Frau und ich haben sehr jung geheiratet, weil Viktoria unterwegs war. Sowohl meine als auch die Eltern meiner Frau haben uns zu diesem Schritt gezwungen, denn wir sollten für unser Tun die Verantwortung übernehmen. Schon bald nach der Hochzeit stellten wir fest, dass wir uns nicht verstanden und letztlich keine Gemeinsamkeiten hatten. Nach etlichen Jahren, in denen wir nur nebeneinander herlebten, habe ich die Situation beendet, obwohl meine Frau um jeden Preis an der Ehe festhalten wollte. Scheinbar fühlte sie sich wohl. Warum auch nicht? Durch mich hatte sie genug Geld und als Fabrikantengattin hohes Ansehen in unserer Stadt.«

»Aber wie kam es zum Zerwürfnis mit deiner Tochter?«, fragte Wilma.

»Als ich damals aus dem gemeinsamen Haus ausgezogen bin, verkündete Viktoria, dass sie auf der Seite der Mutter stehe und mir das Scheitern der Ehe anlaste. Ich war derjenige, der ausgezogen war und ihre Mutter verlassen hatte. In Viktorias Augen machte mich das schuldig. Ich hatte gehofft, dass sich ihre Einstellung mit der Zeit ändern und sie die Angelegenheit objektiv betrachten würde. Aber ich habe mich geirrt. Sie kommt nur zu mir, wenn sie etwas braucht. Das ist meistens Geld, weil sie dringend etwas anschaffen muss und das Geld gerade knapp ist. Als ich ihr anbot, die Firma zu übernehmen, lehnte sie ab. Die Verantwortung sei ihr zu groß. Seit ich den Betrieb verkauft habe, hält sich mich für einen Goldesel, der die Dukaten ausspuckt. Sie glaubt, als zukünftige Erbin jetzt schon Anspruch auf das Geld zu haben.«

»Und du gibst ihr jedes Mal, was sie verlangt?«

»Was soll ich machen? Ich will sie nicht ganz verlieren. Außerdem setzt sie sehr geschickt meinen Enkelsohn Viktor als Waffe ein. Wenn ich ihre Wünsche erfülle, darf ich mit Viktor einen Nachmittag verbringen, sonst nicht. Dabei haben mein Enkel und ich viel Spaß miteinander. Die Situation belastet mich und macht mich sehr traurig. Ich habe keine Ahnung, wie ich aus diesem Dilemma herauskommen soll.«

»Da fällt mir spontan auch keine Lösung ein«, sagte Wilma mitfühlend.

»Ich bin dankbar für jeden Rat. Wenn dir also etwas einfällt, um den Zustand zu ändern, dann sage es mir. Ja? Aber genug von mir. Erzählst du mir von deiner Familie?«

»Oh, was willst du hören? Bei mir war es ähnlich, nur, dass ich es war, die ausgezogen ist. Ich war nicht mehr bereit, die Seitensprünge meines Mannes zu tolerieren. Allerdings standen die Kinder auf meiner Seite und gaben mir Halt und Ermutigung, einen Rosenkrieg durchzustehen. Ich habe diesen Schritt nie bereut und fühle mich heute frei und zufrieden. Du weißt, dass meine Familie mir alles bedeutet. «

»Ja, ich beneide dich um deine Kinder und Enkelkinder und euer gutes Verhältnis zueinander. Das wünsche ich mir auch für mich. Wird aber wohl immer eine Illusion bleiben.«

Wilma legte tröstend die Hand auf seinen Arm. Sie

schwieg, weil ihr offenbar keine passenden Worte einfielen. Auf dem Heimweg war Norbert besser gelaunt. Er erzählte Wilma Erlebnisse und Begebenheiten von seinen letzten Reisen. Über einige Episoden konnten sie beide herzhaft lachen.

Er verabschiedete sich mit einem Kuss auf ihre Wange. »Noch eine Frage: Magst du Opern?«

»Ja, ich liebe Opernmusik. Vor allem die Klassiker. Moderne Opern mag ich weniger.«

»Hast du am nächsten Samstag schon etwas vor?«

Wilma überlegte. »Nein, eine Freundin hat abgesagt. Ich habe Zeit für andere Dinge. Wolltest du mir einen Vorschlag machen?« Sie zwinkerte ihm zu.

»Ja, ich habe für Samstag Opernkarten bekommen. Bist du interessiert?«

»Klar, immer. Was wird denn gespielt?«

»Lass dich überraschen. Komm doch bitte am Nachmittag zu mir in die Guiolettstraße. Wenn du mit deinen eleganten Schuhen gut zu Fuß bist, können wir laufen, wenn nicht, fahren wir mit dem Taxi. Vor der Aufführung möchte ich dich ins Theaterrestaurant ›Fundus‹ einladen. Bist du einverstanden?«

Gespannt wartete er auf ihre Antwort. Sie hatte ihn noch nie in Frankfurt besucht. Würde sie kommen? Ihr Schweigen schien eine kleine Ewigkeit zu dauern.

Dann lächelte sie. »Okay. Ich komme gern und bin neugierig, welche Oper du für uns ausgesucht hast. Ich kann den Samstag kaum erwarten.«

Norbert atmete erleichtert aus. »Ich freue mich auf dich und unseren gemeinsamen Abend. Weißt du, ich genieße das Zusammensein mit dir sehr.«

Das kam seiner Meinung nach einer Liebeserklärung schon sehr nahe. Dass er sich in Wilma verliebt hatte, gestand er sich nun ein. Es war ein wunderbares Gefühl, trotz seines Alters. Er fühlte sich jung und beschwingt. Ob Wilma ähnlich empfand? Er hoffte, sie würde seine Empfindungen erwidern.

Sie hatte es getan. Sie hatte bei Norbert übernachtet. Nach einem wunderschönen Opernabend – ihre Lieblingsoper ›La Traviata‹ war gespielt worden – und einem Schlummertrunk im Frankfurter Hof war es fast selbstverständlich gewesen, bei Norbert zu bleiben. Sie hatte schon vergessen, wie schön eine solche Zweisamkeit sein konnte. Es war eine stille, vertrauensvolle Liebe, die langsam, aber stetig wuchs. Nicht so überbordend wie in ihrer Jugend. Ganz anders. Es fühlte sich wunderbar an. Sie war glücklich. Und sie wusste, dass Norbert genauso empfand. Er hatte es ihr oft genug gesagt. Nun war sie auf dem Heimweg nach Kronberg und ließ die vergangene Nacht noch einmal Revue passieren.

Norbert hatte sie in seiner Wohnung herumgeführt. Großzügige Räume mit modernen und klassischen Möbeln erzeugten einen harmonischen und gemütlichen Wohnstil. Die gemeinsame Nacht würde sie nie vergessen. Die erlebte Harmonie ließ ihre Liebe noch wachsen. Jetzt konnte sie sich ganz auf eine Beziehung zu Norbert einlassen. Ihre Zurückhaltung gegenüber einer gemeinsamen Zukunft schwand mit jeder Stunde. Am Morgen war er leise aufgestanden und hatte das Frühstück zubereitet, so, wie sie es am liebsten mochte. Sie sprachen über den vergangenen Abend. Lachten, scherzten und hörten noch einmal Ausschnitte aus der Oper auf einer CD. Als sie sich verabschiedete, fiel es ihr sehr schwer zu gehen.

Norbert bekam in der folgenden Woche überraschend Besuch von seiner Tochter. »Nanu, was führt dich zu mir?«, wunderte er sich. »Du warst doch erst vor zehn Tagen hier. Brauchst du wieder Geld?«

»Nein, diesmal nicht.« Viktoria ging ihrem Vater voraus ins Wohnzimmer und ließ sich in einen Sessel fallen. »Was denkst du dir eigentlich dabei?«

»Wovon redest du? Ich kann dir nicht folgen.«

»Tu doch nicht so scheinheilig. Ich rede von der Schlampe in deiner Begleitung. Du bist am Wochenende gesehen worden. Dass du dich nicht schämst! In deinem Alter turtelst du mit einer Frau im Frankfurter Hof, die wahrscheinlich deine Tochter sein könnte.«

Norbert war entsetzt. Wer auch immer ihn beobachtet hatte, hatte Wilma nur von hinten gesehen und gemutmaßt, dass sie jünger als er sein musste.

»Was genau wirfst du mir vor? Die Frau an meiner Seite oder ihr Alter?« Er schaute seine Tochter zornig an.

»Beides. Immerhin bist du schon siebzig, da ist es ungehörig, sich mit einer Frau abzugeben. Stell dir vor, du würdest nochmals Vater werden? Schlaflose Nächte und Windeln wechseln! Das wäre nur noch peinlich.«

»Ach, daher weht der Wind. Du hast Angst, dein Erbe mit einem Geschwister teilen zu müssen!«

Viktoria steigerte sich in Rage. »Na und? Ich lasse mir nicht wegnehmen, was mir zusteht.«

»Mein liebes Kind, vorläufig steht dir nichts zu, schon gar nicht mein Erbe, höchstens der Pflichtteil. Wenn du dich so vehement in mein Leben einmischst, werde ich mein Testament überdenken. Außerdem dulde ich es nicht, dass du eine Frau, die ich liebe, als Schlampe bezeichnest. Du kennst sie nicht, aber du glaubst, dir ein Urteil erlauben zu können. Das ist anmaßend! Im Übrigen ist sie nur drei Jahre jünger als ich. Eine Schwangerschaft ist damit ausgeschlossen. Das heißt aber nicht zwangsläufig, dass du meine alleinige Erbin bist. Schon gar nicht nach diesem Besuch heute. Es ist besser, du gehst jetzt, bevor ich etwas sage, das mir später leidtun könnte.« Mit hochrotem Kopf hielt Norbert seiner Tochter die Haustür auf.

Victoria tobte. »Du setzt deine Tochter vor die Tür zugunsten einer Mitgiftjägerin? Du solltest dich schämen.«

»Wilma braucht mein Geld nicht, sie hat eigenes Vermögen. Geh jetzt!«

Nachdem er die Tür zugeschlagen hatte, stand er noch einen Moment fassungslos im Flur. Er konnte sich nicht erklären, wieso seine Tochter derart aufgebracht reagiert hatte. Mit diesem überzogenen Verhalten schlug sie ganz nach ihrer Mutter. Jetzt würde er Viktor sicher eine lange Weile nicht sehen. Diese Konsequenz hatte er nicht bedacht. Aber er hätte sich trotzdem nicht zurückhalten können. Er überlegte, ob er Viktor als seinen Haupterben einsetzen und das Geld bis zu seinem einundzwanzigsten Geburtstag festlegen sollte. Viktoria sollte nur den Pflichtteil bekommen. Sie verstand einfach nicht, wie schön und kostbar die Zeit mit Wilma war.

Das würde er sich nicht nehmen lassen.

Er plante bereits neue Aktivitäten für Wilma und sich. Er wollte ihr einen Tanzkursus vorschlagen, das stellte er sich lustig vor. Ob sie wohl zustimmte? Morgen würde er sie fragen.

Norbert freute sich, als Wilma direkt und begeistert antwortete. Im Herbst wurden neue Kurse angeboten. Es würde nicht mehr lange dauern, dann könnten sie das Tanzbein schwingen. Die letzten Sommertage nutzten sie für einen Ausflug in den Rheingau. Sie wanderten durch die Weinberge und kosteten Wein bei einem Winzer. Eine Tagestour führte nach Oppenheim. Dort besichtigten sie die Ruine Landskron, die Katharinenkirche, das Deutsche Weinbaumuseum und das Kellerlabyrinth. Die Gänge waren teilweise so eng oder niedrig, dass sie beide mit Platzangst kämpften und froh waren, draußen wieder durchzuatmen.

Bei einem Glas Wein sprach Wilma ihn noch einmal auf das Verhältnis zu seiner Tochter an. »Ich habe mir Gedanken gemacht, wie du die Situation mit Viktoria vielleicht verbessern kannst.«

Überrascht sah er sie an. Es freute ihn, dass sie Anteil an seinen Sorgen nahm.

»Wenn du ihr zum Beispiel monatlich einen festen Betrag überweist«, fuhr sie mit ernster Miene fort, »könntest du im Gegenzug ein oder zwei Tage in der Woche mit Viktor verbringen. Das ist allemal besser, als wenn du unregelmäßig zahlst oder der Kontakt ganz abbricht.«

Norbert schaute sie nachdenklich an. »Wirklich keine schlechte Idee. Ich werde mir die Sache durch den Kopf gehen lassen.« Er spürte, dass dies der Rat war, auf den er gehofft hatte. »Danke, Wilma«, sagte er.

Eine klare Regelung wäre tatsächlich die beste Lösung, überlegte er. Die Frage war, ob Viktoria mit ihrer sprunghaften Art da mitspielte.

Der Tanzkurs begann, und sie hatten, wie erwartet, viel Spaß dabei. Sie vertieften ihr Können bei den klassischen Tänzen und lernten die lateinamerikanischen Tänze schätzen. Danach kehrten sie regelmäßig in einem netten Lokal zum Essen ein. Es hatte sich ergeben, dass Wilma an diesen Tagen bei Norbert übernachtete. Er genoss jede Stunde mit ihr.

Der erste Schatten legte sich gänzlich unerwartet auf ihr Idyll. Wilma war auf dem Weg zu Norbert, als es passierte. An der ersten Kreuzung hinter Kronberg schoss plötzlich ein Auto auf sie zu und traf ihr Fahrzeug an der rechten Seite. Der Fahrer hatte offenbar die rote Ampel übersehen. Sie spürte einen heftigen Schlag und hörte Metall kreischen. Der Airbag öffnete sich. Wilma saß wie gelähmt im Auto und wusste nicht, was sie tun sollte. Dann sah sie Rauch unter der Kühlerhaube aufsteigen. Sie geriet in Panik, wollte die Fahrertür öffnen, doch die klemmte. Sie rüttelte und stieß gegen die Tür. Nichts bewegte sich. Im Geiste sah sie sich schon im Auto sitzend verbrennen. Endlich bemerkten andere Autofahrer den Rauch und zogen mit vereinten Kräften an der Wagentür, bis sie sich öffnen ließ. Wilma taumelte aus dem Auto und wäre beinahe umgefallen, doch ein junger Mann griff beherzt zu und bewahrte sie vor dem Sturz. Er führte sie zum Straßenrand und setzte sie auf den grünen Randstreifen.

Inzwischen waren Rettungsdienst, Polizei und Feuerwehr eingetroffen. Der Notarzt untersuchte sie sofort. Wilma zitterte unkontrolliert, konnte nicht aufhören. Die Sanitäter betteten sie auf eine Trage und legten ihr eine Infusion an. Irgendjemand brachte ihre Handtasche. Sie fühlte sich schrecklich und duselte während der Fahrt ein.

Erst im Krankenhaus wurde sie wach, ließ die Tests und Untersuchungen über sich ergehen, beantwortete Fragen. Sie wünschte sich nur noch Ruhe. Ein Pfleger brachte Wilma in ein Krankenzimmer, zog die Folie von einem frischen Bett und reichte ihr ein Krankenhausnachthemd. Kurz darauf kam ein Arzt und erklärte ihr, dass sie einen mächtigen Schutzengel gehabt habe. Keine inneren Verletzungen, keine Knochenbrüche, nur einige schmerzhafte Prellungen. Sie würde noch einige Tage im Krankenhaus zur Beobachtung bleiben müssen.

Sie telefonierte mit ihrer Tochter, berichtete, was geschehen war und dass es ihr einigermaßen gut gehe. Cornelia versprach, ihr ein paar Sachen vorbeizubringen.

Anschließend rief Wilma Norbert an. Er war schon ganz aufgeregt, weil sie zur verabredeten Zeit nicht angekommen war.

»Wilma, ich habe mir solche Sorgen um dich gemacht. Ist was passiert?«

»Norbert, reg dich bitte nicht auf. Ich hatte einen Autounfall und liege im Krankenhaus. Zum Glück ist alles nicht so schlimm.«

»Hast du Schmerzen, Wilma? Was sagt der Arzt? Ich komme sofort zu dir.«

»Ich habe einige schmerzhafte Prellungen, ansonsten ist alles in Ordnung. Bitte, komm jetzt nicht hierher. Ich bin zu müde, um mit dir zu reden, aber ich freue mich, wenn du mich morgen besuchst. Dann erzähle ich dir von dem Unfall. Gute Nacht, Norbert.« Wilma beendete das Gespräch.

Als sie in der Nacht aufwachte, staunte sie, als sie Norbert am Bett sitzen sah. Wie schön, dass er sich über meinen Wunsch hinweggesetzt hat, dachte sie. Getröstet schlief sie wieder ein.

Am nächsten Tag kamen Cornelia und die Kinder vorbei, auch Christian rief jeden Tag an.

Als sie schließlich entlassen wurde, holte Norbert sie ab. »Ich bringe dich jetzt nach Hause. Du hast bestimmt Hunger, und ich werde für uns kochen.«

Wilma lachte. »Du verstehst es, mich immer wieder aufzumuntern. Ich lasse mich gerne von dir verwöhnen.«

Er bestand darauf, dass sie sich ausruhte, während er kochte und sie umsorgte. Wilma war glücklich, ihn bei sich zu haben.

Schnell fanden sie zu ihrem Alltag und ihren Aktivitäten zurück. Sie besuchten die Oper, Konzerte, Theateraufführungen. Sie wanderten, schwammen im Kurbad in Königstein und belegten einen weiteren Tanzkurs. Sie fühlten sich frei und unbeschwert.

Acht Wochen später traf sie der zweite Schlag, diesmal weitaus schlimmer. Bei Norbert wurde Prostatakrebs diagnosziert. Er war verzweifelt, am Boden zerstört. Jetzt war es an Wilma, ihn zu unterstützen und aufzurichten.

»Du bist stärker als du denkst. Du schaffst das, wir schaffen das.«

Seine Sorge, nach der Operation impotent zu werden, war gewaltig. Wilma ging behutsam darauf ein. »Mach dir darüber nicht so viele Gedanken. Da finden wir eine Lösung. Wir kuscheln miteinander. Kuscheln und Zärtlichkeiten austauschen finde ich schön. Dabei fühle ich mich sehr geborgen.«

»Du willst mich nur trösten.«

»Ich sage die Wahrheit. Ich empfinde es so. Wenn es dich tröstet, umso besser.«

Nach der Operation saß Wilma an Norberts Bett und streichelte seine Hand. Er sollte spüren, dass er nicht allein war, denn seine Tochter besuchte ihn nie im Krankenhaus. Er wachte zwischendurch kurz auf, sah Wilma an, versuchte zu lächeln und schlief beruhigt wieder ein.

Nach dem Klinikaufenthalt musste Norbert zur Reha nach Bad Wildungen. Wilma wollte ihn begleiten und mietete sich vorsorglich in einer Pension ein. Allerdings hatte sie in Kronberg noch einige Verpflichtungen, sodass sie erst eine Woche später anreisen konnte. In dieser Woche erhielt sie einen anonymen Brief mit einem Foto von Norbert. Er hielt eine attraktive Frau im Arm. Beide lachten sich an und man spürte förmlich, wie gut sie sich verstanden und einander zugetan waren. Auf der Rückseite war das Datum von vor drei Tagen vermerkt.

Wilma schaute sich das Foto lange an, schüttelte den Kopf. »Das kann doch nicht wahr sein«, murmelte sie.

Es war nicht zu leugnen: Norbert hatte eine andere Freundin. Wie sollte sie damit umgehen? Sich stillschweigend zurückziehen oder Norbert zur Rede stellen? Ihm eine Szene zu machen, lag ihr nicht. Sie würde erst einmal eine Nacht schlafen und dann eine Entscheidung treffen.

Am nächsten Morgen tat es noch genauso weh wie gestern. Sie hatte seinen Liebesbeteuerungen geglaubt. Machte er sich jetzt womöglich darüber lustig? Sollte sie wirklich kampflos das Feld räumen? Nein! Wenn er eine andere hatte, sollte er ihr das selbst sagen. Sie wollte ihm dabei in die Augen sehen. Sie würde wie geplant zu ihm fahren und mit ihm reden. Wenn seine Erklärungen nicht überzeugend waren, konnte sie ja jederzeit zurückfahren.

Norbert war begeistert, als Wilma sich bei ihm meldete. Sie verabredeten sich vor dem Klinikeingang.

»Wilma, wie schön, dass du endlich da bist. Ich habe dich sehr vermisst.«

»Wirklich?«, fragte sie, und er bemerkte ihren prüfenden Blick.

Norbert stutzte. »Stimmt etwas nicht, ist irgendetwas passiert, von dem ich nichts weiß?«

»Ja, könnte man so sagen«, antwortete sie.

»Also was ist los?«

Wilma zog das Foto aus der Tasche und hielt es ihm

hin. »Was sagst du dazu? Falls du eine andere hast, solltest du es mir auf der Stelle sagen. Ich möchte die Wahrheit von dir hören.« Ihr Blick war herausfordernd auf ihn gerichtet.

Norbert unterdrückte ein Grinsen. »Woher hast du dieses Foto?«

»Es wurde mir vor einigen Tagen anonym zugeschickt. Ohne Anschreiben.«

»Aha, und du glaubst, das ist eine neue Freundin. Dein mangelndes Vertrauen kränkt mich.« Er setzte eine beleidigte Miene auf. »Doch ich verzeihe dir, schließlich kennen wir uns noch nicht gut genug, um solche ›Beweise‹ zu ignorieren.«

Empört sah Wilma ihn an. »Du verzeihst *mir*? Das ist wirklich der Gipfel! Du hast eine andere Frau im Arm und turtelst mit ihr!«

Norbert umarmte sie. »Ach, Wilma, ich liebe dich, und es freut mich, dass du eifersüchtig bist. Es zeigt mir, dass du mich auch liebst. Doch deine Eifersucht ist vollkommen unnötig. Die Frau in meinem Arm ist meine Schwester Brigitte.«

»Und das soll ich dir glauben?«

»Ich werde es dir beweisen.«

Er nahm sein Handy zur Hand, stellte den Lautsprecher ein und rief seine Tochter an. Nachdem sie sich gemeldet hatte, kam Norbert sofort zur Sache. »Was hast du dir dabei gedacht, Wilma das Foto von Brigitte und mir zu schicken?«

»Da gibt es nichts zu denken« antwortete Viktoria schnippisch. »Die Frau muss weg, sie passt nicht in unsere Familie. Ich könnte Viktor nicht mehr in deine Nähe lassen. Mit deinem sonderbaren Verhältnis gibst du ein schlechtes Beispiel für meinen Sohn ab. Dein Alter ist schließlich kein Freibrief für dein miserables Benehmen.«

Sie holte Luft, um ihre Tirade fortzusetzten, doch Norbert unterbrach sie. »Viktoria, ich lasse mich von dir nicht erpressen. Wir müssen auf Dauer eine einvernehmliche Lösung finden. Ich bin zu einem Gespräch bereit, ich hoffe, du auch. Im Übrigen erwarte ich, dass du dich bei Wilma entschuldigst.«

»Ist das alles?« Viktoria klang desinteressiert.

»Hör zu, wir sollten ...«,

Viktoria beendete das Telefonat

Wilma wäre am liebsten im Boden versunken. Es war ihr peinlich, diese Kontroverse zwischen Vater und Tochter ausgelöst zu haben. Zumindest wusste sie jetzt, wer ihr das Foto geschickt hatte.

»Norbert, es tut mir leid, dass du dich wegen mir mit deiner Tochter überworfen hast«, sagte sie kleinlaut. »Ich reise ab, und du versöhnst dich mit Viktoria.«

»Kommt überhaupt nicht infrage!«, protestierte Norbert. »Früher oder später wäre es auf jeden Fall zu einem Eklat gekommen. Zu gegebener Zeit werde ich Viktoria nochmal anrufen und ein Gespräch anbieten. Dein Vorschlag war gut. Ich werde versuchen, diese vertrackte Situation in geregelte Bahnen zu bringen.«

Wilma pflichtete ihm bei. »Es wäre doch schön, wenn du mit deiner Familie glücklich werden könntest.«

»Ich hatte mir unser Wiedersehen anders vorgestellt«,

sagte er verlegen. »Können wir nochmal von vorne beginnen?« Er nahm sie in den Arm. »Hallo, Wilma, schön dass du endlich da bist. Ich habe dich sehr vermisst.«

Sie schmunzelte, spielte aber mit. »Ich habe dich auch sehr vermisst und freue mich, dich wiederzusehen. Wie geht es dir? Wie war die erste Woche in der Reha?«

»Teilweise etwas anstrengend. Ich habe mich inzwischen daran gewöhnt. Jetzt können wir uns täglich sehen. Mir geht es besser, wenn du in der Nähe bist.«

An manchen Tagen hatte Norbert so viele Termine, dass sie sich nur kurz treffen konnten. Im stillen Kämmerlein haderte er immer noch mit seinem Schicksal. Das ausgerechnet ihm das passieren musste! Wilma überraschte ihn mit kleinen Aufmerksamkeiten, um ihn aufzumuntern. Entscheidend für eine zunehmend positive Einstellung zu seiner Krankheit waren die Begegnungen mit anderen Patienten, die wesentlich schlimmer krank waren als er. Ihm wurde langsam bewusst, wie viel Glück er gehabt hatte, weil der Krebs frühzeitig erkannt und behandelt worden war. Er benötigte weder eine Chemotherapie noch Bestrahlungen. Er würde noch mehrere Jahre zu Kontrolluntersuchungen gehen müssen. Doch das war das geringste Übel. Wilma war stets an seiner Seite, bestärkte ihn in seiner Ansicht und half ihm, in den Alltag zurückzufinden. Doch eine Erkenntnis blieb: Er würde sein Leben nie mehr als selbstverständlich hinnehmen.

Die Adventszeit begann, und sie freuten sich wie

Kinder auf Weihnachten. Sie machten versteckte Anspielungen auf eventuelle Geschenke. Eine Überraschung hielt Wilma jedoch zurück. Sie wollte ihre Kinder und deren Familien einladen, damit sie Norbert kennenlernten. Christian, Sandra und ihre Kinder Konrad und Johanna reisten aus Stuttgart an. Cornelia und Andreas mit Manuela und Florian kamen zu Fuß, da sie auch in Kronberg wohnten.

Hoffentlich würde Norbert nicht traurig sein, wenn er an den Feiertagen an seine Familie dachte. Wilma war wichtig, dass er ihre Angehörigen, wenn zwar nicht lieben, dann zumindest schätzen lernte. Von der Begegnung an Weihnachten würde auch viel für ihre gemeinsame Zukunft abhängen.

Der zweite Weihnachtstag verlief wunderbar. Ihre Kinder akzeptierten Norbert sofort, und umgekehrt verhielt es sich ebenso. Auf dem Boden liegend spielte er mit den Jungs, er hatte ihre Enkelkinder gleich ins Herz geschlossen. Wilma lächelte still und glücklich in sich hinein, als sie das sah. Nun konnte sie unbefangen mit ihm über ihre Familie reden.

Norbert schenkte Wilma eine Kurzreise über Silvester auf einem Flussschiff. »Nach einem Candle-Light-Dinner werden wir die Nacht durchtanzen.«, sagte er voller Vorfreude.

Wilma küsste ihn auf die Wange. »Danke, das haben wir uns verdient. Stoßen wir auf ein neues und hoffentlich gutes und gesundes Jahr an. Ich freue mich sehr darauf.«

Während die Champagnergläser klirrten, sahen sie

sich tief in die Augen. Sie würden jeden Tag nehmen, wie er kam und das Beste daraus machen. Das war ihr unausgesprochener Vorsatz für das neue Jahr. Und für die Jahre, die noch folgen sollten.

Alterslauf

von

Gerhard Schrick

Es ist der Zahn, der ihn so stört.
Er macht ihm Schmerzen, unerhört.
Wenn bloß nicht dieser Zahn hier wär!
Dann lief das Leben laissez-faire.

Es ist das Bein, das immer hinkt.
Es macht, dass sein Besitzer trinkt.
Doch schnitt man ihm das eine ab,
dann zieht das andre ihn ins Grab.

Es ist der Darm, der ihn so kneift.
Würd' er sich bessern – eingeseift?
Nein – Seife ist für außen da.
Das gilt auch für die Prostata.

Es ist der Kopf, der ihn so schmerzt.
Er war doch immer so beherzt!
Jetzt schreit er nur noch Auweh-Au!
Es bleibt ein Ausweg: Fleischbeschau!

So geht es allen, irgendwie.
Schon reden sie von Hysterie.
Den Menschen war es nicht geheuer.
Privat ist guter Rat recht teuer.

Doch schließlich sagt das Über-Ich:
Macht Euch vom Acker – ohne mich!
Es nimmt die Zügel in die Hand:
»Ab jetzt wird jeden Tag gerannt!«

Artig raffen sie sich auf,
starten brav zum Dauerlauf.
Die Zeitung titelt später heiter:
»Alte laufen – immer weiter!«

Die Autoren stellen sich vor:

(Lyrik)
Maria Richter, geboren im Allgäu, arbeitete als Krankenschwester in London und München, danach als Dipl. Sozialarbeiterin 20 Jahre im Frankfurter Bahnhofsviertel. Sie wohnt in Eschborn/Ts., ist begeisterte Laienschauspielerin und besucht seit 15 Jahren Vorlesungen an der Universität des 3. Lebensalters in Frankfurt/M.

(1)
Chris Böhm, geboren in Magdeburg, aufgewachsen an der Bergstraße, lebt im Großraum Frankfurt. Nach Abitur und Fachstudium Familienpause. Später selbstständige Personalberaterin und Fachtrainerin. Ab 2007 Studium an der Frankfurter U3L. Sie schrieb die Kriminalromane DER LETZTE BESUCHER und DER HARLEKIN, sowie diverse Kurzgeschichten.

(2)
Peter Luyendyk ist Niederländer. Arbeitete früher als Foto-Journalist in England und Frankreich. Angeregt durch Erfahrungen und Erlebnisse auf seinen Reisen begann er zu schreiben. Er schrieb 2010 den Kriminalroman UNTERBELICHTET und veröffentlichte später mehrere Kurzgeschichtenbände. Lebt mit seiner Familie in Hofheim/Taunus.

(3)
Jule Heck, 1957 in Gambach geboren, ist gelernte Verlagskauffrau. Sie begann schon früh mit dem Schreiben und verfasste neben vielen politischen Artikeln und Reiseberichten eine Reihe von Geschichten und Krimis. Ihre Romane haben eine Menge Lokalkolorit und beleuchten das kleinstädtische Leben rund um die Burg Münzenberg und die Wetterau spannend und hintergründig. Mittlerweile ist Band 6 in der Reihe TOD IM SCHATTEN DER BURG erschienen.

Autoren (Forts.)

(4)

Irmgard Schürgers ist Botschafterin des Bundesverbandes Initiative 50plus. Im UniScripta Verlag erschienen von ihr bereits die Kriminalromane KALTHERZ und DENN SIE WISSEN WAS SIE TUN; außerdem diverse Kurzgeschichten in den Sammelbänden MANN-O-MANN, FRAU-O-FRAU, MAIN HAUPT-BAHNHOF und FRANKFURTER KULTURBEUTE(L)

(5)

Wolfgang Ullrich, geboren in der Oberlausitz, in Eppstein/Taunus sesshaft geworden. Viele Jahre in der Entwicklungshilfe tätig. IM KREIS DER ZWÖLF APOSTEL (2011) ist sein erster Kriminalroman. Außerdem schrieb er Erzählungen und Kurzgeschichten im Band BIS AUF HEITERES sowie den historischen Roman DAS ENDE DES FEGEFEUERS (2015).

(6)

Erika Reichhardt, geboren in Frankfurt a.M., studierte Amerikanistik, Germanistik und Kunstgeschichte an der Frankfurter Goethe-Universität. Arbeitete als freie Dozentin für Englisch an der VHS Hofheim. Ab 2006 Teilnahme an Kursen für Kreatives Schreiben an der U3L. Sie schrieb den Kriminalroman OKTOBERNEBEL und verschiedene Kurzgeschichten.

(7)

Jule Schwachhöfer, geboren in Pommern, aufgewachsen in Nordrhein-Westfalen, gelehrt und gelebt in der Wetterau, wohnt jetzt in Frankfurt. Sie schrieb zwei Wetterau-Kriminalromane und mehrere Kurzgeschichten. Die Autorin ist seit 2017 Mitglied bei den „Mörderischen Schwestern", einer Vereinigung deutscher Kriminalautorinnen.

Autoren (Forts.)

(8)

Oliver Baier ist Physiotherapeut und lebt mit seiner Familie in Groß-Gerau. In „Westendkirschen" verarbeitet er die Erlebnisse eines minderjährigen Flüchtlings, die ihn als Vater dreier Kinder sehr berührt haben. Er wünscht sich im Alter die gleiche Neugier, die seine Protagonistin auszeichnet. Nach Veröffentlichung einer weiteren Kurzgeschichte arbeitet der Autor aktuell an seinem ersten Thriller, der auch in Frankfurt spielt.

(9)

Astrid Hennies, gebürtige Berlinerin, studierte Germanistik, Geschichte und Politik. Ausbildung in Theaterpädagogik, Mediation und Psychodrama. Lebt und lehrt in Frankfurt am Main. Seit 2001 freie Dozentin an der U3L für Theaterwissenschaften und Kreatives Schreiben. Sie schrieb zwei Theaterstücke, diverse Erzählungen in Uni**Scripta** Anthologien, sowie mehrere Bücher, darunter den Kriminalroman TODESKANZEL

(10)

Chris(tine) Hauf geboren 1935 in Mährisch-Ostrau, Tschechische Republik, lebt seit 1946 in Nordbayern, München, Bad-Kreuznach. Seit 1970 in Frankfurt a.M. Überwiegend im publizistischen Bereich tätig. Seit 2001 im Ruhestand, schreibt die Autorin in verschiedenen Werkstätten der U3L. Ihre Geschichten erschienen in verschiedenen Anthologien. 2018 veröffentlichte sie Teil 1 ihrer Autobiografie als „Gestern Geschichten".

(11)

Monika Hoßfeld, geboren in Stuttgart, verheiratet, zwei erwachsene Kinder. Früher Leiterin einer Kindertagesstätte. Besuchte an der U3L Seminare für „Kreatives Schreiben", bevor sie 2011 ihren ersten Kriminalroman VERGESSENE KINDHEIT und 2014 ihr Kinderbuch WENN DER ELEFANT BLINZELT UND DER LEOPARD GÄHNT veröffentlichte.

Autoren (Forts.)

(12)

Milena Keimig, 1995 in Rüsselsheim geboren und aufgewachsen, ist vor vier Jahren nach Wiesbaden gezogen. Studium Soziale Arbeit an der Hochschule RheinMain. In den letzten Jahren ihrer Schulzeit wurde sie vor allem durch die Auseinandersetzung mit englischer Literatur und Gedichten zum eigenen Schreiben inspiriert. Damit fand sie für sich die Möglichkeit, persönliche Erfahrungen, Gefühle und Gedanken zu reflektieren und aufzubewahren.

(13)

Claudia Sikora studierte systemische Paar- und Familien Therapie. Arbeitet seit 25 Jahren mit Menschen in Veränderungssituationen. Sie liebt es, Menschen zu beobachten und Geschichten zu erzählen.

(14)

Karin Rödder, geboren und aufgewachsen im Westerwald. Lebt seit 1977 im Taunus. Jetzt im Ruhestand. Besucht seit 2004 Seminare an der U3L im Fachbereich »Kreatives Schreiben«. 2011 Veröffentlichung ihres ersten Kriminalromans SOS – TOD AN BORD.

(Lyrik)

Gerhard Schrick, geboren am linken Niederrhein, lebte viele Jahre in Berlin, heute in Frankfurt/M. Ausbildung im Steinkohlebergbau. Studium der Soziologie, Diplom und Promotion. Tätigkeiten in Forschung, Lehre, Unternehmensberatung und Politik. Schrieb 2011 den Kriminalroman ALTLAST, Kurzgeschichten sowie Gedichte.

Außerdem bei Uni**Sripta** erschienen ⟶

Außerdem bei UniScripta erschienen

Kriminalromane (nach Erscheinungsdatum):

- **KALTHERZ** (Irmgard Schürgers, 2010)
  ISBN 978-3-942728-00-3
- **UNTERBELICHTET** (Peter Luyendyk, 2010)
  ISBN 978-3-942728-01-0
- **DER LETZTE BESUCHER** (Chris Böhm, 2011)
  ISBN 978-3-942728-02-7
- **IM KREIS DER ZWÖLF APOSTEL** (Wolfgang Ullrich)
  ISBN 978-3-942728-03-4
- **SOS – TOD AN BORD** (Karin Rödder, 2011)
  ISBN 978-3-942728-04-1
- **ALTLAST** (Gerhard Schrick, 2011)
  ISBN 978-3-942728-05-8
- **VERGESSENE KINDHEIT** (Monika Hoßfeld, 2011)
  ISBN 978-3-942728-06-5
- **TOD IN DER WETTERAU** (Jule Schwachhöfer, 2011)
  ISBN 978-3-942728-07-2
- **TODESKANZEL** (Astrid Hennies, 2013)
  ISBN 978-3-942728-10-2
- **OKTOBERNEBEL** (Erika Reichhardt, 2014)
  ISBN 978-3-942728-13-3
- **WER AUF RACHE AUS IST** (Jule Schwachhöfer, 2016)
  ISBN 978-3-942728-20-1
- **DER HARLEKIN (**Chris Böhm, 2017)
  ISBN 978-3-942728-22-5
- **DENN SIE WISSEN WAS SIE TUN** (I. Schürgers, 2017)
  ISBN 978-3-942728-21-8

Historischer Roman

- **DAS ENDE DES FEGEFEUERS** (W. Ullrich, 2015)
  ISBN 978-3-942728-18-8

UniScripta

Kurzgeschichten

- **ZWISCHEN DEN WELTEN** (Peter Luyendyk, 2012)
  ISBN 978-3-942728-11-9
- **BIS AUF HEITERES** (W. Ullrich/G. Schrick, 2012)
  ISBN 978-3-942728-12-6
- **MANN-O-MANN, FRAU-O-FRAU** (Schürgers/Luyendyk)
  ISBN 978-3-942728-14-0
- **ODE AN DIE FREUDE** (Peter Luyendyk, 2015)
  ISBN 978-3-942728-19-5
- **MAIN HAUPTBAHNHOF** (10 Autoren, 2014)
  ISBN 978-3-942728-16-4
- **FRANKFURTER KULTURBEUTE(L)** (10 Autoren, 2018)
  ISBN 978-3-942728-23-2

Theater

- **SPIEL(e)ABEND** (Astrid Hennies, 2011)
  ISBN 978-3-942728-09-6

Lyrik

- **ÜBER EINEM ALBATROS** ... (Gerhard Schrick, 2014)
  ISBN 978-3-942728-17-1
- **FRANKFURTER SPRENGUNG** (Gerhard Schrick, 2018)
  ISBN 978-3-942728-24-9

Kinderbuch (8-12 Jahre)

- **WENN DER ELEFANT BLINZELT...** (M. Hoßfeld, 2014)
  ISBN 978-3-942728-15-7

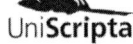
UniScripta